U0830067

观光农业知识问答

柳妮莎　关俊杰　关学良　主编

中国林业出版社

图书在版编目（CIP）数据

观光农业知识问答/柳妮莎，关俊杰，关学良主编．—北京：中国林业出版社，2017.6

ISBN 978-7-5038-8959-2

Ⅰ.①观… Ⅱ.①柳… ②关… ③关… Ⅲ.①观光农业－问题解答 Ⅳ.①F304.1-44

中国版本图书馆CIP数据核字（2017）第083518号

中国林业出版社

责任编辑：李　顺　薛瑞琪

出版咨询：（010）83143569

出版　中国林业出版社（100009　北京西城区德内大街刘海胡同7号）

网站　http：//lycb.forestry.gov.cn/

发行　中国林业出版社

印刷　北京卡乐富印刷有限公司

电话　（010）83143500

版次　2017年6月第1版

印次　2017年6月第1次

开本　787mm×960mm　1/16

印张　11.5

字数　200千字

定价　48.00元

前　言

据《福布斯全球杂志》调查，中国最赚钱的行业是农业，其次才是房地产和金融业。在农业领域，生态农业、观光农业又是利润最高的行业，而且基本没有风险，一些高利润的生态农庄（场）已成为最具前景和今后的投资热点。

温家宝总理指出二十一世纪是实现我国农业现代化的关键历史阶段，生态农业是农业发展的必然选择！党中央、国务院及各级政府拨款几千亿元扶持农业产业，使农业更具前所未有的商机。种植、养殖、生态、观光、高效农业，由于效率高，更有特色，而被政府更加重视。

度假型观光农庄主要是为那些渴望在节假日到郊外观光、旅游、度假的城市居民服务的，其目标市场主要为城市居民。观光农业的发展，不仅可以丰富人们的精神生活，优化投资环境，而且可以达到农业生态、经济和社会效益的有机统一。

生态、环保是观光农业发展的主题，绿色无公害、无污染是人们对农产品的必然追求，可持续循环型农耕是观光农业中种植业或养殖业必须遵循的法则。

在可耕土地面积日渐减少的今天，农业生产的可耕种面积是观光农庄的主要问题。因此，观光农庄的耕种方向是空间的最大化利用与无限化的开发。土地的平面是有限的，而空间是无限的。空间与地下也将成为发展农业的主要场所，也就是说农业将从现在的平面型农业向未来的垂直型农业发展。

观光农业利用不同的农业资源，如森林、牧场、果园等，吸引游客前来度假，开展农业体验、自然生态领略，垂钓、野味品尝等度假旅游活动，并提供餐饮、住宿、种植、农产品加工、农业旅游观光、休闲娱乐活动等服务。

除此之外，观光农庄还可针对游人中的高层、富人进行房地产销售，向他们推荐本项目具有特色的风情别墅和浪漫庄园作为他们度假的第二居所。这里所说的第二居所并不是单纯的是指第二套房子，而是作为度假型的一个产品，反映生活品味的一种方式。观光农业项目就是在自然环境好、风景优美、阳光充足、安静、通风好的地方为居住人士精心打造出以休闲为主、面积宽敞的居所，形成一个远离喧嚣都市的可以满足物质及精神生活的理想家园。

编者：柳妮莎　关俊杰　关学良

目　录

第一章
观光农业园简介

第一节　我国观光农业园的发展概况

第1问　我国农业的发展历程与趋势是怎样的?

答： 农产品从人们的生存需求提高到生活需求，又再次提升到人们的生态需求，这“三生”的演变，正是发展的规律所趋。在上世纪六十至八十年代，人们还没有解决温饱问题的情况下，农产品的产量是关键，生产上主抓高产，与相关技术的开发，为的就是解决生存的问题，吃得饱成为当时的民生问题；到九十年代，经济发展，物质的追求不仅仅是生存的需要，而上升为生活的需要，要吃得好，穿得好，用得好，这时期农业功能转变为服务生活，向往小康的一种需求；到九十年代末，二十一世纪初，生产力再次提高，生活水平发生了天翻地覆的变化，此时人们开始考虑环境生态健康的问题，生态成为社会与消费者最为关注的问题，不仅要吃得好，还要安全、保健、绿色无公害、无污染，于是农业开始向优质发展，向生态与环境美化优化发展。这就是观光农业产生的背景与人们需求所推动的一种自然结果，观光农业成为这个时期农业模式演变的主方向。

观光农业近年在国内如雨后春笋般地涌现，以其特有的魅力成为农业发展史上的一颗明珠，它具有农业生产与农业旅游的双重功能与最大化的综合效益，是国内、国际农业发展到一定阶段的产物，是科技发展与生活水平提高的标志。农业从传统农业——石油农业——机械化农业——生态观光的旅游农业，是农业发展的必然趋势，是农业生产力水平发展到一定水平的一个里程碑，特别是观光农业把以往繁重的田间劳动逐渐转变为机械化、工厂化、简单化，使其成为集绿色农业、休闲娱乐农业、生态农业、人文农业、旅游农业、科技农业为一体的标准型农业，是科技、资金、劳动力等资源密集的产业，更是一个可以展示未来农业魅力的现代农业发展水平的领头羊。

第2问 什么是观光农业？

答： 观光农业是把农业和旅游业结合在一起，通过营造田园景观、农业生产经营活动和农村自然环境吸引游客前来观赏、品尝、习作、休闲、体验、健身、科考、购物、度假的一种新型农业生产经营形态，也是现代农业的重要构成之一。它通过系统规划，将农业和旅游业“嫁接”在一起，形成一种既有人文生态景观，又可提高农业和旅游业附加值的现代产业模式。这种新型农业生产经营形式在一些发达国家首开先河，取得了良好的经济、社会和生态效益，在世界范围引起高度关注，并向全球倡导和推广。

第3问 发展观光农业园需要哪些条件？

答： 观光农业项目的建设，主要在于改善农业生产的基础条件，优化农业的景观环境，拓展农业的基础功能，提高农业的科技、文化、艺术品位，吸引城镇居民前来休闲观光，使他们能近距离接触农业，感受农业的绿色之美，领略农业的收获乐趣，欣赏农作物丰富多彩的景观，探索农业科技的奥秘。观光农业是社会进步需求和物质文明发展而形成的一种高品位、多技术、多功能的休闲旅游农业模式。

决定一个地方能否建设观光农业园一般取决于区位条件、立地条件、资源条件及社会经济条件四个方面。区位条件是决定观光农业园能否建设及建设成功的首要因素。从旅游区位理论可以看出决定观光农业园的区位条件主要有客源市场条件和交通条件。立地条件是指观光农业建园地的情况，主要包括自然环境条件和农业基础条件两个方面。立地条件对观光农业的建园有直接的影响，关系到项目的可行性、布局、工程投资大小等，还关系到规划用地开发利用的适用性和经济性。观光农业的建设还要考虑建园地所具有的自然景观资源和人文景观资源。影响观光农业开发建设的社会经济条件主要包括建园地的区域经济、基础设施和旅游发展。

第4问 为什么说发展观光农业园是适应社会进步的需要？

答： 现在的人们，大多生活在喧闹的都市，每天都被繁重的工作和频繁的应酬所包围，紧张、压抑的心情致使每个人都感到心力交瘁，不堪重负，因此观光农业作为一种新兴的旅游产业以其独特的魅力弥补了传统旅游的不足，越来越受到旅游者的青睐。

第二节　观光农业的意义

第5问　发展观光农业有哪些意义？

答： 开发观光农业园有如下意义：

1. 可以提高农业的比较利益。
2. 开拓新的旅游空间和领域。
3. 优化农业产业结构。
4. 吸纳农村剩余劳动力。
5. 消除城乡差别、促进城乡交流。
6. 提高劳动者素质。
7. 改善生态环境。

第三节　观光农业园的作用与功能

第6问　观光农业园有什么作用和功能？

答： 观光农业园区是整个观光农业项目的精华所在，它以养殖、采摘、旅游、科普、温室景观、民俗、娱乐、生态餐厅等多种单项形式出现，既是整个观光农业园的一部分，又可以独立成为一个观光农业园区，从而形成个体元素与整体的依托关系，又形成了多元联合成就大事业的合作格局。总的来讲，在一个观光农业项目中各观光农业园区既彰显了观光农业项目在该园区所展示的板块的技术能力，又各自为整个观光农业项目尽到本园区的义务，成为整个农业观光项目中不可分割的一部分和经济来源支撑点。

每个观光农业园区都是观光农业展示给游客的靓点，同时都有能力成为一个优异的景点。因此，在一个观光农业项目中，要尽可能多包涵一些类别各异的观光农业园区。但是在统筹安排整个观光农业项目过程中，要注意以下几点：

1. 在一个观光农业项目中，要尽可能避免或减少观赏内容相似的观光农业园区重复出现，以免造成资源浪费。

2. 每个单独的观光农业园区都应根据园区自身的功能，具备一定的生产能力，尤其以养殖、采摘、温室等类别为主题的观光农业园区，更应努力拓展可进行的生产业务，加大可销售物品的产出量，这样才可以使这一类别的观光农业园区立于不败之地。

3. 每个单独的观光农业园区都要以维护生态发展为己任，尽可能妥善处理好生活垃圾、利用太阳能、风能、施用有机肥、合理收集利用雨水、减少废气排放等等，从而使整个观光农业项目成为类似原生态的环境优美的旅游空间。

4. 除上述功能外，观光农业园区还要具备基本生活功能，也就是在园区内要具有为旅客提供如食宿、饮水设备、卫生间甚至休息、百货等生活必须品的场所，以及代步工具如接送游客的游览车等，以充分体现观光农业园区的实用功能。

第四节 观光农业园的类型与特点

第7问 观光农业园有哪些类型?

答： 通过国内外几十年的发展历史，现已形成了多种类型的农业观光模式，首先简单介绍一些观光农庄的类型供大家参考。

1. 观光农园
2. 市民农园
3. 农业公园
4. 教育农园
5. 休闲农场
6. 森林旅游
7. 学生农庄
8. 民宿农庄
9. 民俗旅游
10. 农业科技园
11. 综合型观光农业园

为了实现功能多样化，效益综合化，运营的稳定化，最好多种类型皆具，多种模式并存。

第 8 问　不同类型的观光农业园各有什么特点?

答： 1. 观光农园。指开放成熟的果园、菜园、花圃、茶园等，让游客入内摘果、拔菜、赏花、采茶，享受田园乐趣。

2. 市民农园。市民农园是由园区提供农地，主要设市民菜园、市民果园、市民花园等让市民参与耕作的园地。主要功能是提供市民采摘花、果、菜等新鲜园艺产品，同时设各种农事参与项目，满足市民及各地游客对农事体验和身心锻炼的需求。一般将园区规划为若干小区，分别出租给城市居民，用以种植花草、蔬菜、果树或经营家庭农艺，但管理必须由园区统一规划管理及技术指导。

3. 农业公园。农业公园是按照公园的经营思路，把农业生产场所、农产品消费场所和休闲旅游场所相结合，把当地农业景观作为基础的综合性观光游览区。

4. 教育农园。教育农园是兼顾教育功能和农业生产的农业经营形态。农园中所栽植的作物、饲养的动物以及配备的设施极具教育内涵。

5. 休闲农场。这是一种综合性的休闲农业区，游客不仅可以观光、采果、体验农作、了解农民生活、享受乡土情趣，而且可以住宿、度假、游乐。

6. 森林旅游。伴随着回归自然浪潮的兴起，以林木为主的大农业复合生态群体—森林公园和风景区以其多变的地形、辽阔的林地、优美的林相和山谷、奇石、溪流成为人们回归自然、避暑、科学考察和进行森林浴的理想场所。

7. 学生农庄。也叫青少年科普教育中心，主要功能是青少年绿色科技教育，学生体能锻炼，社会实践及技能训练等，设有学生体能训练场、学生农场、科技乐园等功能设施。将传统的农村生产生活用品(如石碾、石磨、水车等)集中保留，以实物或照片等形式展示，主要是让从小在城市里长大的学生利用寒暑假到农村体验生活，参与农场作业、农村社区活动等。

8. 民宿农庄。把多余的农舍加以改造，提供给都市休闲度假者住宿，称之为“民宿”。一个农场就是一个很好的休闲度假场所，加之农场景观优雅秀丽，更具有吸引都市人的魅力。

9. 民俗旅游。民俗旅游指选择具有地方或民族特色的农庄，利用农村特有的民间文化和地方习俗作为观光农业活动的内容，让游客充分享受浓郁的乡土风情和浓重的乡土气息。

10. 农业科技园。农业科技园是农业旅游与科技相结合的产物。它把农业与现代科技相结合，在利用科技引导生产的同时，向游人展示现代科技的无穷魅力。

11. 综合型观光农业。综合型观光农业具有生产、生活、生态等功能。生产功能包含所有瓜果蔬菜、农作物、花卉、果树的栽培，也包含部分畜禽、珍稀动物与水产养殖。把丰富多彩的农业种植和养殖结合在一起，以体现生态农业的内涵，同时为生活功能的实现打下物质基础和环境基础。生产功能还具有科技示范、科普教育、休闲观光、产品采摘销售等生活辅助功能。生活功能则主要包含办公、住宿、餐饮、培训、休闲、娱乐等项目的设置，借助园区的生产观光平台，开展科技培训、中小学生科普教育活动，通过配置休闲娱乐设施和餐饮住宿设施，吸引游客前来休闲、观光、度假，品尝园区生产的优质安全食品。

第9问 观光农业园区主要有哪些服务内容?

答： 观光综合区除上述观光、旅游、餐饮、采摘等项目外还包括：

1. 娱乐项目外包。观光园区内的收费项目均可采用对外招租的方式外包，根据场地和项目的不同收费也不同，整个园区内各类娱乐项目，收费由几千元至几万元不等，其中大型的娱乐项目承包金额均在几万元以上。这些项目的管理者均由园区统一发放工作牌，自己进行管理。

2. 农产品大卖场。应在温室内作卖场超市，立足于园区及结合地方特色，形成一个能够为游客提供购买纪念品的大卖场，如特色的瓜果蔬菜、花卉盆景、奇石古玩、动植物标本以及地方名特产等，令游客在观光之余还能把收获带回家让亲人朋友共享。

3. 放心菜配送。由于观光园中的农副产品均采用无公害栽培，同时可以用25g富硒元素兑水45kg浇灌或喷布2～3次，使农庄内的农副产品成为富硒农产品，可以深受游客及人们的喜爱，其营销范围可辐射到周边的旅游景点及省市。因此，在时机成熟后，农庄可以成立自己的蔬菜质量检测中心和放心菜配送中心。

4. 农活体验。主要对当地市民开放，对园区土地进行规范化的田园区划，一般以半分地为一区。市民在统一规划的园区中，在技术人员统一指导下进行农事活动，体验到植物生长的整个过程及亲自收获产品的喜悦心情，既可利用节假日进行农活健身，又可掌握各种农业知识与收获成果。

5. 科教培训区。园区建设以高科技为核心，以高效益为支撑点，必定会引来全国各地前来学习观摩的各界人士，因此园区要与科研单位及院校合作，将他们的科研成果及时转化为生产力，同时开展技术培训，推广高新技术，对于提高园区管理人员素质及进行技术交流意义重大，另外对于园区的品牌宣传也起到推动作用。

6. 中小学科普教育。园区以植物的不同科属为区划，在园区内的每种植物都悬挂标注有植物名、科、属、种、习性、用途的标示牌，标示牌的形式应多变，可以为植物的果实型、树叶型、蝴蝶型、虫子型等多种形式。让中小学生对植物分类有充分的了解，对植物的生态演变有了真实性认识。并展示农业生产的各种传统与现代的农具，了解我国农业生产的发展史，让他们为科技发展的迅猛而惊叹，更增强学生学习科学热爱自然的兴趣。

7. 会议餐饮服务设施。农庄自己具有大型的酒店、旅店，这些设施可以根据不同地域的客人要求制作相应的食物，满足不同层次客人的需求，同时具备接待大、中、小型会议的能力。对于纯休闲的客户群，农庄还设有各种形式的农家院落，游人可以自己选择瓜果，在溪边、水系边弯钩垂钓，拾柴生火。因为农庄内的果、蔬均使用有机肥，用生物农药的绿色环保方法生产的，畜禽类均是无激素饲养、自然生长的，客户在享受劳作快乐的同时也得到了健康。

8. 科技农业。科技是农庄赖以生存的支柱，而农庄又是展示科技成果的最佳处所。农庄里南树北引、反季栽植、无土栽培、水生栽培无不散发着科技的魅力。为了使农庄永远能得以生存，农庄除自己配备品种繁育基地外(所产苗木主要用于补植和向周边销售)，还将与周边的科研院校合作，密切配合，争取在最短时间将科研成果转化为生产力，同时有利于及时引进新技术、新品种并及时将农庄的新产品推广出去。为体现农庄的科普性，农庄除新品种选育基地外，均对外开放，并将农庄内的所有品种挂牌，标明其品名、习性，为游人及学子们打开方便之门。

第五节　目前我国观光农业园区存在的问题与对策

第10问　我国观光农业园区规划存在的问题有哪些?

答： 1. 观光采摘园规划中存在的问题。

(1)开放时间短。受农业生产的周期性影响，采摘园有强烈的季节性，造成此类观光园只能在固定的时节进行开放经营，旅游时间很短，而且大部分观光采摘园仅以一种产品为主，色调单一，内容不够丰富。

(2)服务设施匮乏。这类观光园投资较少，为节约成本，园区建设，一般较为粗糙，服务设施不完善，如缺乏餐厅、园椅、公共卫生间等游览服务设施，这样游客在采摘、垂钓等结束后没有其它的消费，导致观光园没有特色和吸引力。

2. 农业科技园规划中存在的问题。

(1)盲目发展。许多农业科技园盲目追求全面发展，贪多求全，结果难以快见成效。农业科技园也不是发展的越多越好，因为园区建设必然会占用大量的农耕用地，消耗大量的水资源，导致农业资源紧缺，矛盾更加突出。

(2)结构趋同。大多数农业科技园都是选择以高科技、高资金投入的工厂化农业为主，这样他们在运作的形成和项目选择上都基本相同，在园区的规划上大部分也趋于雷同，没有体现自身特色，使园区未能融入旅游市场的主流。

3. 休闲观光农庄规划中存在的问题。

(1)景观城市化气息严重。景观以人工建设为主，将喧闹的游憩活动引入园中，打破了自然安逸的环境氛围，从而也丧失了其独特魅力，有的采取了简洁的规则式布局，这样不仅破坏了郊区的山青水秀，也使得观光农业园失去了自然的气息，缺乏田园风光的韵味，游客到这里来也感受不到本应有的乡野之趣，田园之乐。

(2)行进路线缺乏指引性标志。到这类观光农业园游玩的游客大部分都是自驾车的，在行驶的过程中没有明确的指引标志，让人很难感受到它的存在。同时农庄忽略了外部环境，在此段行进过程中，有的毫无景观可言，甚至有些地方脏、乱、差，路面也不平整，如果下雨还会造成积水，给游客带来诸多不便，使得游客来观光游览的兴致大打折扣，也不容易被吸引进入观光园中。

(3)生态环境破坏很严重。由于占地面积较大，有的观光农业园在开发时实行掠夺式开发，破坏了原有的自然生态资源，对原有生态环境尤其是植被造成了严重的损伤。

第11问 观光农业园区规划问题的对策有哪些?

答： 1. 观光采摘园规划中存在的问题解决对策。

(1)增加农产品的多样性。不同的农产品的开花期和成熟期是不同的，可以利用它的多样性组合来延长经营时间，比如杏树的开花时节最早，桃树其次，梨树和苹果树的开花时节稍晚一些，而枣树和石榴树的花期就更晚了，同样他们的结果时间也是不同的，具有一定的先后顺序，所以在一个观光采摘农庄内，可以将这些果树分类种植或混种种植，延长观光园的开放时间，同时充分考虑非采摘季节吸引游客，以创造更好的经济效益和社会效益。

(2)服务设施不断完善。根据观光采摘农园的规模、性质等具体情况，增设餐厅等设施，或者可以创造活动、休憩空间，让游客在采摘结束后亲自烹饪自己采摘的食物。在园区内增加一些圆桌、圆凳、喷泉等，既满足了游客休息的需要，让游客有充分的发挥空间，延长了游客逗留时间，又美化了观光农业园的整体环境，提高了观光园的吸引力。

(3)选址要恰当。要充分考虑观光采摘农业园与周边环境的良好衔接，与整体大区域环境相融合，它需要一个怡静、适宜自然的生产生活环境，为来此旅游观赏的人缓解、减缓工作生活带来的压力。

2. 农业科技园规划中存在的问题解决对策。

(1)适度发展。根据实际需要，有根据、有针对、有选择、有目的的适度建设与发展农业科技园。采取重点突破战略，尽快形成有特色的技术经济优势，进而产生明显的示范带头作用，随着技术、经验、经济的积累，逐步综合发展。

(2)挖掘特色。要深入分析园区的特色产业，寻求差异，园区的规划设计必须有良好的个性鲜明的主题与定位，才能保障其富有生命力。根据自身的产业特色，建设出自己独特风格，用特色这块招牌树立形象。

3. 休闲观光农庄规划中存在的问题解决对策。

(1)与自然相协调。观光农业的风格应该以田园风光、自然风景为基础，形成自然、质朴、简洁秀美的田园风光，整体景观风貌应和谐统一。在规划时首先要从保护自然出发，在不破坏大自然的条件下进行设计，要与自然相协调，避免大量的硬质铺装以及规则的几何型的块状、带状分布。在经营布局上应着重体现农庄所在地的农村风貌，以“回归大自然”式的生态旅游环境和独特的“村容、村貌”特色，把现代的、舒适的、休闲的旅游度假村置于田园风光中，使整个景区与大自然更好地融合到一起。

(2)注意改善农庄外部环境，注重整体效果。中国古典园林都讲究行进路线的设计，注重以行进路线来创造前方景观的主题氛围。因此在规划设计时要考虑行进路线的优美性，同时要满足人、车、环境及景观的需要，将人、车、路和环境构成一个统一的整体，吸引游客视线，一步一景，引导游客进入到园中。

(3)杜绝破坏生态，提倡节约型观光农业园。在开发时应遵循因地制宜的原则，营造优美的环境，并保持好总体的生态环境。避免将天然的水系改为湖岸整齐，人工建筑过多的水面，避免大规模的地形改造，保持场地原有的地貌特征等，在规划设计时要做到节土、节水、节能、节材，遵循可持续发展的原则，将农庄建造成节约型的观光农园区。

第12问 我国观光农业园区经营存在哪些问题？

答： 1. 观光的季节性成为园区发展的瓶颈。

观光农业园的季节性很强，存在着明显的淡旺季差别。往往是旺季车水马龙，淡季门庭冷落，造成了资源的浪费。另外，由于气温和气候的缘故，春季和秋季是观光农园的黄金旺季，一般每天可以接待几千人，但是，夏季和冬季的情况就不是很好，有些时候只及旺季的1/3。

2. 园区间单纯模仿缺乏生命力。

很多投资者缺乏制定周密的发展规划和市场调研，设置旅游景点往往不相协调，多数重复、雷同，缺乏特色，因此造成投资决策的随意性和开发的盲目性。有的地区没有把观光农业看作是建立在农业经营基础上的农业与旅游业有机结合的产业，特别是很多景点的投资者为当地居民，当他们认识到身边的环境资源能作为“摇钱树”的时候，便按照自己的理解单纯模仿别人的模式仓促上马，省略了前期的可行性研究和资源评估。例如河南与陕西交界的地方有一个叫“磨滩”的小山村，这里满山都种有柿子树，到了秋天树上就挂满了灯笼似的柿子，可以说是拥有得天独厚的发展观光农业的自然条件，然而，当地村民由于缺少旅游开发的相关知识，盲目地对外开放，只赚取了少数的门票和住宿收入，就在不到两年的时间里造成了严重的环境污染，破坏了生态环境。这种单纯模仿，不重视可持续农业效益的做法，其投资理念已误入歧途，可谓“一条腿走路”，必然步履维艰。

3. 缺乏政府有关部门的正确引导和大力支持。

观光农业在我国可以说是一个新兴产业，对于这一产业，目前还没有专门的政策体系和扶持手段。正是如此，许多地方并不是发展真正意义上的观光农业，靠门票而不是靠农产品和旅游服务实现效益。此外，许多地方认为只要增加投入，改善旅游基础设施，就可以为观光农业带来较好的经济效益，然而，如果投资主体不解决，仅凭乡镇或县区自筹资金显然是杯水车薪。

4. 缺乏科学的统一规划和有效地宏观管理。

目前，大多数地方市级及区县级都没有制定观光农业的总体规划，也没有明确的管理机构和管理办法，观光农业的发展基本上还是以乡村和企业自主开发为主，布局不尽合理。虽然有些地区的建设、农林、水利和旅游部门都制定了一些相应的标准来评定景区景点的等级，实施着各自相应的管理办法，但这样又往往形成了多头管理，几个部门都各自做规划，缺乏宏观控制和指导，加上投资者自身缺乏发展规划能力，导致投资决策的明显随意性和开发的盲目性。

第 13 问　我国观光农业园区经营问题的对策有哪些？

答： 1. 旅游项目的论证需要从多角度入手。

旅游项目的开发具有不同于一般项目的特点，它需要从更广泛的角度去综合论证，至少应包括以下几个方面：

(1)本地区农业资源基础的分析。即农业、资源基础、自然景观系列、乡村民俗的可展示性。以广东省为例，其在发展观光农业方面在全国是比较快的，在投资建设观光农业旅游景点时也能本着实事求是、因地制宜、与相邻旅游景点有机结合的原则，提出观光农业旅游景点要突出特色、见效快、风险小和旅游线路组合好，以充分利用旅游资源。如在粤北，将名山古迹、天然风光和少数民族的景点相结合；在粤东，将潮汕文化、客家文化景点共成一体；在粤西，将热带亚热带风光和海洋沙滩旅游连成一线。通过这些规划，使各景点相辅相成、相得益彰，充分利用旅游资源。

(2)市场定位分析。从目前我国观光农业的发展现状来看，观光农业首先是城市居民的“后花园”，其目标市场应主要定位在大中城市的居民，为他们提供一个自然、传统、休闲的场所。因此在短期内，我国的观光农业还无法成为国际性的旅游活动。

(3)区位选择分析。大中城市边缘区农业地带应为首选，这些区域有着独特的地域性和明显的发展优势。通过大中城市边缘区的发展，带动交通便利、农业基础较好的区域发展观光农业，是符合我国国情的发展战略。

(4)目标市场、地区旅游业的发展分析。主要是分析目标市场是否成熟以至于需要观光农业园区。以北京市为例，首先，观光农业的消费对象主要是城市居民，目前已有相当一部分的居民具有参与农业观光进行旅游的能力，随着经济的发展，这一消费群体将不断扩大，消费水平也将随之提高；其次，北京市农业资源基础较好；第三，北京市郊区名胜古迹众多，这些景点都可以与观光农业的旅游景点互为补充，共同发展。基于以上分析，可以断定，观光农业已经成为北京市人口新的消费热点之一，极具发展潜力。

总之，观光农业应不惟“观光”，农业才是其根本，其特点应是生态性的，以保护生态平衡为前提；其产品应是民族性的，以弘扬民族传统文化为卖点；其经营定位应是服务性的，以游客需要定模式。

2. 观光农业要走可持续发展之路。

观光农业的基础是农业内部功能的良性循环和生态的合理性。因此，观光农业的发展要切实保证旅游与生态农业的协调。观光农业的“农业”内涵，应定位于旅游与生态农业相协调所体现的地域特点，即地域生态农业特色和地域农业文化特色。因而对植根于符合自然生态的生态农业和传统农村民俗文化必须加以保护并得到充分体现，开发时应选择生态效益型道路，具体做法如下：

(1)必须立足现有基础进行开发，严格控制滥用耕地。

(2)必须因地制宜，突出个性和特色。

(3)避免对环境和景观的破坏，如在旅游景点内设立不当的建筑等。

(4)控制“农业观光园”周边的工业以及城市化等对景点的不利影响。

(5)适当控制进入农业观光园的人数，以保护园内的生态环境质量。

只有符合可持续发展战略，才可能体现出观光农业自然、传统、休闲、绿色的特点，获得农业、旅游、教育、生态、综合“五效益”，达到发展观光农业的目的。

3. 政府要积极有效地进行宏观调控，理顺管理体制。

(1)要统一对观光农业发展方向和目标的认识。有关专家指出，农业旅游区的半径应为29. 5km^2，才可能发挥最佳经济效益。观光农业既不是纯粹的农业开发，也不是传统的旅游开发，它的发展必须兼顾农业和旅游的发展规律。目前，我国不宜过多的发展自行采摘、承租农地等体验型项目和休闲娱乐为主的观光农业项目。这是因为观光农业的发展有其三大目标，即直接效益目标、可持续发展目标和示范观赏性目标，三大目标是一个统一的整体，三者相互关联，相互促进。

(2)理顺管理体制，加强规划和创建管理服务体系。在旅游开发区要防止出现管理体制混乱，政出多门的现象，要分清责任，各司其职。政府有关部门应做好观光农业发展规划的指导，设立一些咨询服务机构，加强对观光农业发展的调查研究与总结，以建立农业政策信息服务体系。此外，还应制定一些优惠扶持政策，如引资、税收优惠等。

(3)建立资金引入机制。应广开引资门路，把观光农业的资金引入计划，纳入到旅游业和农业发展的计划中。创建新型的旅游农业投资体制，实现投资多元化，以不断加大市场开发的力度。

4. 观光农业的发展要遵循社会主义市场经济规律。

(1)建设旅游景点和组织旅游应放手由企业经营，政府进行宏观调控。计划经济时期，由于职责不分，管理不严，未能充分调动各方面的积极性，结果往往经济效益不高。现在实行社会主义市场经济体制，投资观光农业项目应按照现代企业制度的要求“产权清晰，责权明确；政企分开，管理科学”，以实现产业的高效益。

(2)按照社会主义市场经济体制的要求，所有制的实现形式可多种多样。如建立有限责任公司、股份有限公司、合作公司、股份合作企业等。投资方可以是国有企业，也可以吸收集体或民营企业参与等。对于观光农业项目的投资者，不论是国有企业还是集体合作企业，也不论是农民还是外商投资企业，只要符合发展规划，发展前景好，都应大力发展，给予扶持。

(3)要有市场竞争意识，包括服务质量和价格竞争。旅游景点的成功与否或能否可持续发展，不但要看观光农业景点的特色和内容，即参观价值，还要看价格和服务质量。若景点规模大、成本高、门票贵，必然导致一些人“望门却步”，造成资源的浪费，形成开业之初兴旺，继而难以维持的局面。同时，服务和管理水平也应不断提高，尤其是在农业知识的内涵和景点的管理上应精益求精，项目安排上也应不断创新，让游客有一种“常新”的感受。

(4)一切活动要以获取社会效益、环境效益和经济效益为目标。体现效益可通过三种方式：一是门票收入方式，较高的门票、丰富的内容和免费的品尝或赠送纪念品；二是消费收入方式，低廉的门票或不收门票，而是通过丰富的内容(如购买纪念品或品尝特色农产品)刺激游客消费的欲望而获得经济收入；三是广告效应方式，即旅游项目收入与开支基本持平即可，其效益体现在扩大知名度，带动产品的销售获利。可以说，观光农业的发展，只要在追求每一个项目的经济利益的同时充分考虑社会效益、环境效益，就可以在市场机制引导下，取得最佳的经济效益，促进我国观光农业的发展。

第二章

观光农业园区的开发思路与经营定位

第一节　开发理念

第14问　观光农业园的开发理念是什么？

答： 观光农业最显著的特点就是绿色和参与。观光农业在开发理念上应以市场需求为导向，以可持续发展战略方针为指导，突出农业特色，体现绿色休闲。通过科学规划，合理布局，精心设计，有序开发，在市民心目中形成“观光农业”的概念。观光农业是在特定区域，一般在大中城市郊区或旅游景点附近或各级农业科技园区内，是服务于都市居民休闲旅游和学生科普教育、农业体验的经营活动。在这个相对比较集中或连片的一个园区，内部功能比较齐全，人为痕迹比较明显，设施档次比较高，技术高度集成，是现代都市化环境与农业现代化建设同步协调发展的新兴农业模式。观光农业是一种休闲旅游产业，其主题是农业，一般围绕农业的观光性和农业产业的系列开发为重点，结合休闲旅游的经营策略，来提升农业的旅游价值和农产品自身的附加值。同时为城市居民和学生提供一种全新的旅游环境和休闲方式，提高都市居民的休闲生活品位，改变学生认知社会和学习农业科技的方式，有利于社会的和谐与协调发展。因此，观光农业园的功能设置一方面要满足和保持农业的主体特色和经营项目，同时要导入作为一个旅游项目开发的诸多必备功能。

第15问　观光农业园的开发目标是什么？

答： 根据园区农业、旅游业发展现状及开发优势，观光农业的发展目标应以促进园区经济发展为目的，以农业景观、农业生产活动、乡村民俗等为主要内容，建立起一批不同类型、不同特色，具有观光、休闲、体验、度假、健身、教育、科技示范多种功能的观光农业项目，使园区成为当地市民乃至域外游客丰富农业知识、交流农业经验、体验农事活动与民风民俗、享用农耕成果、利用田园环境休闲健身的多功能农业观光区。

第16问　观光农业园的开发策略有哪些？

答： （1）产品策略。首先，在产品开发上应立足丰富的资源基础，实行多元化策略，以适应不同层次的需求。其次，在众多的农业旅游产品中，要精心打造出一批“精品”、“绝品”，园区一定要有自己的主打品种，有自己的特点，不要一味跟在别人的后面跑，否则很容易被“拖死”。在稳定发展的同时，还要积极寻找新的项目和经济增长点，使自身不断有新鲜的“血液”和技术、经济力量加入，以形成较大的社会影响力和持久的吸引力。最后，产品的开发应与农事活动和节庆活动结合起来，并注意不断提高产品的文化内涵。

（2）价格策略。对一般的观光产品，可以采取低价位以吸引客源，对特种观光农业产品，可采取高价位以提高产品品位来增加收入；在旅游淡、旺季采取不同的价格，以分流旺季游客，吸引淡季游客。

（3）形象策略。在开发过程中要注意树立整体形象，在经营过程中要注意形象的维持、扩大和升华。园区观光农业的开发，应把人工设施与田园风光协调搭配，把农事活动和旅游活动紧密结合，创造出天高云淡、谷果飘香的环境效果，营造出归园田居，雅士高隐的人文氛围，并通过一系列具体的物质形象设计和宣传口号，进一步加深旅游者对观光农业园区的整体印象。

（4）经营策略。观光农业模式迎合了社会发展，是人们对农业所形成的新的需求，是生活水平提高，精神文明程度提升的象征。因此，观光农业的经营策略应以农业生产拉动旅游业乃至商业品牌推广，将农业生产现场成为人们观光的场所，成为人们体验生活与认识自然的场所，成为游人赏景、学习、工作、休闲的良好去处。

第二节　观光农业园的设计规划原则

第17问　观光农业园区规划时要遵循哪些原则？

答： 观光农业园区规划要遵循科学选址、因地制宜、突出特色性、优劣比较、科学性、市场导向、综合效益、参与性以及整体开发性的原则。

第 18 问 观光农业园区规划选址要注意什么？

答： 观光农庄选址应选离城市、著名景区较近且公路交通非常便利之处（离城市 5km 范围内最好），为充分合理的利用自然环境条件，观察农庄应在具备以下 5 个条件的地方建址。

（1）丘陵多、平地少的地方。在丘陵多、平地少的地方，有利于巧妙地进行景观景物组合和空间布局，可以少占良田，既不与国家有关土地的政策相冲突，又可节省征地费用。

（2）是无工业污染的地方。

（3）是水源较好的地方。将观光农庄建在水源较好的地方，不仅可以解决农庄的用水问题，而且还可以使农庄因为自然水源而具有更好的生态环境，充足的水源也有利于水上娱乐项目的营造与展开，从而使农庄充满灵气。

（4）是居民较少或无居民居住的地方。

（5）是土壤条件较好的地方。

第 19 问 观光农业园区规划为什么要遵循因地制宜的原则？

答： 观光农庄的开发依赖于农业，而农业的发展又高度依赖于自然地理环境条件。所以，休闲农业的布局应遵循因地制宜的原则。如果不遵循这一原则就会导致农庄开发失败。

第 20 问 观光农业园区规划要突出哪些特色性？

答： （1）突出农耕文化特色。农耕文化内涵广博，如农耕形式、传统农用器具、农村生活习俗、农事劳动、农业节庆、农业工艺等都属农耕文化范围。由此可见，利用农耕文化可以开发许多富有地方特色、民族特色的旅游产品。

（2）突出各自的特色。突出农耕文化是开发休闲农业的大前提，但对于彼此相邻的各个观光农庄来说，仅仅突出农耕文化是不够的，还应充分突出各自的特色。在休闲农业的开发经营竞争中，最可怕的是相邻观光农庄在产品上完全雷同的情况下竞争，所以在一定的区域范围内的各观光农庄应各具特色，只有如此才能使各个农庄项目相得益彰，由恶性竞争转化形成为良好的产业协作关系。相邻的农庄可以从突出主打产品的特色和突出辅助产品的特色来着手设计，如相邻的农庄中，若甲以种植业为依托，乙就应以水果或养殖业或其他产业为依托开发休闲农业项目。但是，事实上因受气候、地貌、地质、土壤以及水资源等客观条件的制约，相邻的观光农庄只能努力打造突出各自特色的辅助产品。如可采用农庄饮食，同时可以利用骑马、牛、毛驴之类的原始型交通方式或坐滑竿、轿子等民俗型交通方式为游客提供服务，以突出自己的特色。

(3)从细微处着手突出特色。如在一些空坪隙地可栽植一些瓜菜将泥土遮盖起来，搭一些较高大的瓜棚、葡萄棚等供游客憩息或用餐品茶，栽植一些果树来点缀美化环境，不必建花坛、假山等费力耗资又不讨城市游客喜欢的景观。

第21问 观光农业园区规划为什么要遵循优劣比较的原则？

答：“比较论证，择优布局”成为了观光农业规划布局重要的决策手段之一。观光农业的优势比较，大致可以以区位条件、交通条件、社会经济背景、资源的禀赋状况等方面去进行。一般来说，距离大中城市尤其距大都市较近，交通便捷，区域社会经济背景好，资源丰富且具有特色的观光农业旅游地或项目，应优先开发，重点发展。

第22问 观光农业园区规划为什么要遵循科学性的原则？

答：中国是一个具有悠久农业历史文明的传统农业大国，经历了原始农业、传统农业、现代农业三个发展阶段，龙骨水车提水、筒车吸水、风车扬谷、石碾磨面、牛耕田、使用土杂肥、手工采摘农产品，以及传统的纺纱车、织布机等，这些与现代高科技形成鲜明对比的传统农业景观，因为它们生动如实反映了农业科技发展历程轨迹而同样受到现代旅游者的青睐。因此观光休闲农业所展示内容的科学性特点，决定了规划设计工作一定要让休闲者在娱乐、休闲的同时，能自觉接受农业科学技术教育，自觉传播农业科学知识，以增强休闲农业的教育功能和高科技农业示范功能。

第23问 观光农业园区规划为什么要遵循市场导向的原则？

答：能否准确把握市场需求变化，规划开发适销对路产品，有效占领和扩大自己的市场领域是休闲农业规划布局成败的关键性问题之一。目前，大多数地区休闲农庄的产品开发单一，必然会导致休闲者在农庄的消费单一，使得休闲者在农庄有钱没处花，最终导致休闲农庄的收入难以大幅度的增长。

因此，观光休闲农庄开发布局应努力做到食、宿、行、游、娱、购等方面产品兼顾。

由于观光休闲农业是源于城乡间地理环境的差异而引导城市居民去农村进行旅游消费的新型产业，无疑农庄周边城市居民便是其主要潜在的客源市场，而且城乡间地理环境的差异越悬殊，其潜在的客源市场就越大。但城市规模、城乡间的时空距离、交通便捷程度、城市居民的收入水平及其旅游消费偏好等，都会因时、因地而异，分析和预测市场也就势在必行。为此，必须通过市场调研以查清游客来源、客源种类、市场规模、客流规律、游客消费能力以及周边一定距离内有无竞争的同类型观光农业旅游景区、景点或项目来决定自己项目的走向。

第24问 观光农业园区规划为什么要遵循综合效益的原则?

答： 观光休闲农庄的实质是一种农游结合、一产向多产延伸的高效型市场农业。首先，必须遵循经济效益原则，通过投资效益分析，对那些投资规模较大、旅游价值高、原有基础好、交通便捷的项目，可取其中投资小、建设周期短、投资回报快的休闲农业项目优先规划开发，并且通过向游客提供休闲度假、种养体验、农科教结合、农业科普等多种服务以提高非农收入和农业综合效益。其次，要讲求社会效益，既要最大限度地为广大城市居民提供接触自然、体验农业以及观光与度假的场所与机会，提高其文化内涵与教育功能，并要尽可能吸收广大农民群众参与到观光农业项目中，提高农民素质和就业机会。再次，要特别重视生态效益，即通过开发观光休闲农业，在城郊营造优美宜人的绿色景观，改善自然环境，维护生态平衡，以保持清新、宁静的城郊生态环境。

第25问 观光农业园区规划为什么要遵循参与性的原则?

答： 为最大限度满足游客娱乐、参与要求，在休闲农业项目规划上要特别重视游客的参与性。根据市场需求，结合农业项目自身的资源特点，创造性的规划设计和布局具有时尚性的多层次系列休闲农业产品，使其成为最基本而又最活跃的旅游资源，把游客吸纳到这些旅游活动中来，使其享受到原汁原味的农村、农业、农民的文化氛围。

第 26 问　观光农业园区规划为什么要遵循整体开发性的原则？

答： 观光农业园区的开发建设是一个复杂的系统工程，具有很强的整体特点。首先，在外部它要纳入到区域休闲农业发展布局的系统工程中去，必须服从区域高层次或主系统发展战略。在区域突出自己的特色，即按照“人无我有、人有我优、人优我特”的原则，在市场导向前提下，立足于自身资源和产品特色优势，开发出明显区别于周边地区而具有绝对竞争优势的休闲农业园区及观光休闲度假产品。其次，在内部它既要顾及到各大功能区的整体协调，又要考虑到产品营销全过程的协调，同时，休闲农业园区是以农业观光、农业休闲功能为主，兼有教育、度假娱乐、体育活动等诸多功能的综合性休闲区域，其功能区一般又包括观赏区、示范区、休闲体验区、产品区等内容，其规划布局要全面协调、整体发展。市场调研和预测、优势产品设计和开发、基础设施和上层设施及其相关农业生产设施生态环境的建设以及市场开拓、产品的经营和管理等旅游营销全过程，可以说环环相套，关联性极强，也需要通盘考虑，整体优化，才会达到协调和谐而富有生命力的效果。

第 27 问　在规划观光农业园区时还要注意哪些事情？

答： 在规划观光农业园区时还要注意如下事项：

1. 科技示范、区域带动。借助项目区域地处的区位优势，可利用农科院、中国农业大学等科研院所的科技人力资源，在观光农业项目区建设农业科技示范基地，通过引进国内外最新农业科技成果，为该区的农业发展提供科技支撑和示范，打造园区农业品牌，从而带动观光农业区周边区域乃至相邻地区农业产业的发展。

2. 城乡统筹、服务城市。观光农业园区项目未来的发展必将考虑如何统筹城乡发展的重要问题，规划应合理优化配置农村与城市优势资源，促进城乡交流，发挥项目区农业的产业优势，给城市居民提供安全食品、观光休闲等服务，真正成为市民生活所依赖的农业后花园，同时促进农业增收、农民富裕。

3. 生态优先、资源整合。项目区场地内部有初具规模的设施农业、滩地、较大规模林地、类草原等单元项目，项目开发过程中要从不同程度上进行资源的整理调配，并减少资源浪费，共建生态、人性化的市民活动空间。

4. 三效合一、可持续发展。规划中充分考虑项目区观光园区内及周边地区的带动作用、观光园区周边的生态环境和农民经济效益增长问题，通过园区农业创新体系机制，使项目区形成资源和能源良性循环系统。

第三节　观光农业园区规划前的市场、技术与资源研究

第28问　观光农业园区规划前的市场、技术与资源研究有哪些内容?

答： 观光农业园区规划前要对环境、技术、接待规模进行研究评估。

第29问　观光农业园区的环境研究如何进行?

答： 观光农业一般是在原有生产地的条件上进一步开发而成。应从实际情况出发，根据当地农业生产的历史及特点，充分挖掘当地货源，因地制宜地营造有地方特色的农业景观。决定一个地方能否建设观光农业园一般取决于区位条件、立地条件、资源条件及社会经济条件四个方面。

1. 区位条件。观光农业建园地区的区位条件是决定观光农业能否建设及建设成功与否的首要因素。从旅游区位螺旋体中可以看出决定观光农业建园的区位条件主要有客源市场条件和交通条件。

1.1　客源市场条件。客源市场是指旅游目的地对地域相异的游客的吸引力及旅客的出游能力，包括人口密度、人均收入、消费水平、闲暇时间、出游形式、旅游偏好等。客源市场条件是进行观光园建设成功与否的首要因素，也是确定旅游项目的依据。

1.2　交通条件。游客出游在很大程度上取决于目的地的交通条件，交通条件的好坏往往与游客的多寡存在一定正相关的关系。影响观光农业建园的交通条件因素主要体现在以下两个方面：离城市的远近直接关系到建园地游客的数量和相应配套设施的健全；建园地与客源市场的交通便捷程度是游客出游考虑的条件之一，直接影响到游客数量。

2. 立地条件研究。立地条件是指观光农业建园地的情况，主要包括自然环境条件和农业基础条件两个方面。立地条件对观光农业的建园具有直接的影响，关系到项目的可行性、布局、工程投资大小等，还关系到规划用地开发利用的适用性和经济性。

2.1　自然环境条件。建园地范围内的自然环境条件是建设观光农业必须考虑的重要因素。良好的自然环境是观光农业的必备条件，也是增强旅游资源吸引力的基础条件。观光农业建园地的自然环境条件主要包括植被状况、气候状况、水文水质状况、空气质量以及地形地貌类型五个方面。一般来说，

具备丘陵、相间的地貌和温暖湿润的气候等条件，及地下水充沛、地表水丰富、水质优良、土壤肥沃、植被丰富的地区，对观光农业的开发建设最为有利。

2.2 农业基础条件。建园地所在地域主要农副新产品生产和供应的种类、数量和保障程度对观光农业的旅游开发有较大影响。总的来说，农业的种类、产量和商品率与观光农业旅游开发呈正相关关系。只有对建园地所依托地区的农业基础条件进行仔细地分析和研究，才能确定观光农业旅游开发的主要方向。

3. 资源条件研究。观光农业的建设还要考虑建园地具有的自然景观资源和人文景观资源。

3.1 自然景观资源条件。选择建设观光农业的地区必须具备一定的自然景观资源，在具备自然景观资源条件的地区建园要比花大量人力改造建设观光农业节约资金，并能实现所建观光农业园的持续发展。另外，由于观光农业具有强烈的地域性，建园地所在地区的综合自然景观资源条件在一定程度上决定了观光农业园区的开发类型和发展方向。

3.2 人文景观资源条件。农村的生活习俗、农事节气、民居村寨、民族歌舞、神话传说、庙会集市以及茶艺、竹艺、绘画、雕刻、蚕桑、史话等都是农村旅游活动的重要组成部分。这些观光农业旅游活动中的重要人文景观不仅增强了观光农业旅游毛利的文化价值，而且还能提高观光农业旅游毛利的文化品位，从而吸引更多的游客前来观赏研究。

4. 社会经济条件研究。影响观光农业开发建设的社会经济条件主要包括建园地的区域经济、基础设施和旅游发展。

4.1 经济条件。经济条件主要是指某地所处的经济环境，也就是该地的总体经济发展水平。它涉及经济基础、经济发展水平、资金、技术等多方面。经济条件对观光农业的开发建设是十分重要的。处在较好经济环境的观光农业优势突出，发展潜力巨大，对该地的发展具有推动作用，反之，则潜力小，制约该地的发展。衡量一个地方经济发展水平的重要指标主要有当地的消费能力和投资能力。

4.2 基础设施条件。观光农业建园地的基础设施条件主要包括水、电、能源、交通、通信等设施。这些基础设施是观光农业开发，特别是观光农业技术建设中不可缺少的条件和因素，并直接影响到观光农业园区开发建设的难度和投资金额。

4.3 旅游发展条件。观光农业旅游物的开发与本地区内旅游发展的情况密切相关。有良好旅游发展条件的地区，其旅游业的发展必将带来大量的游客，从而带动观光农业向可持续方向发展，实现创收。

发展形式多样和内容多样的观光农业园区，既符合社会经济尤其是农业经济的发展需求，也满足了广大人民群众日益增长的物质文化生活的需要。但是，要建设既有特色，又在经营上有所收获的观光农业园区，就必须在充分调查当地情况、充分考虑分析建园条件的基础上，进行科学合理的规划，并进行理性投资和建设，使其在良性的轨道上稳步发展。

第 30 问 观光农业园区的技术研究如何进行?

答： 在确定投资某个观光农业园区项目前，尤其是对管理技术要求较高的，如温室项目、生态餐厅、采摘、养殖等项目在投资之前，一定要认真客观地评估自己的技术力量是否已经达到或是已经和相关单位达成合作意向，因为在观光农业项目中，相关的技术起着决定性的作用。很多的失败案例告诉我们，没有强有力的技术支持，我们将一事无成。因此，在投资观光农业项目前，一定要对相关技术进行是否可行的研究，不妨多次请相关的专家进行论证，在得到充分认可和具备应对突发事件处理的技术能力后，方可进行项目启动。

第 31 问 为什么要进行观光农业园区的接待规模估算?

答： 中国是一个风景资源大国，也是一个发展中的人口大国。随着经济的高速增长，对外开放的不断加深，旅游业正在成为支柱产业，其发展潜力与速度引人瞩目。旅游作为人类与大自然相互作用的活动方式，对风景区的社会、经济、环境产生着越来越巨大的影响。与此同时，“自然保护”已成为强大的国际性运动，“可持续发展”已被包括中国在内的世界各国所接受。在这种情况下，风景区的开发利用面临前所未有的需求，风景资源的保护更是面临前所未有的压力与挑战。对观光农业园区进行准确的估算，有利于科学地确定风景区的旅游规模，从而为风景区的规划设计提供依据。

第 32 问 观光农业园区的环境容量如何计算?

答： 我国传统的风景区“环境容量”计算主要有“面积容量法”、“线路容量法”和“卡口容量法”等三种估算方法。这些计算方法所取得的环境容量数值基本是反映“游览空间”（包括面空间与线空间）对游客的承载能力，即是“空间环境容量”。“空间容量”是风景区环境容量的一个组成方面，但它不是风景区环境容量的全部。如果将“空间环境容量”等同于风景区环境容量，那么生态环境、资源环境与社会环境对游客的承载能力就不能得到全面反映，结果是不真实的。环境容量数值在指导风景区规划、建设和管理，会对这些实践过程产生误导从而造成一些不可挽回的后果。举一个比较极端的例子：一个优美的海岛风景区远离大陆，其面积为 $50km^2$，可游览的景区面积为 $20km^2$，根据面积容量法，假定 $1000m^2$/游客，则计算出风景区的环境容量为 2 万游客。该岛与大陆的联系，目前只能通过每天一班的海轮，海轮可载客 5000 人，同时可载供 3000 名游客一日所需的淡水与食物，海岛本身的淡水与食物仅够当地居民日常基本使用。海岛生态系统每天可净化 2000 名游客的旅游活动所产生的废气、废水和固体垃圾，超过这个数字，海岛的环境容量到底该是多少呢？是 2 万人，还是 5000 人或 3000 人，还是 2000 人？如果按 2 万人的指标做为海岛规划的主要依据，其后果是可以预见的。

环境容量研究是人居环境可持续发展，包括风景区可持续发展研究中的一个重要课题。环境容量本身是一个层次很多，影响因素很多，且各因素之间关系复杂的系统性问题，因此对于风景区环境容量的研究，尤其是如何将风景区环境容量的概念应用到风景区的规划、建设和管理实践之中，难度很大，意义很大。举个简单的例子：假设有一个均质空间的风景区，内部由 ABCD 4 个景点组成，而 4 个景点都是游客必游的景点，并且景区内部各景点之间是相互开放的。景区一天的有效开放时间为 8 小时，ABCD 4 个景点的瞬时合理容量均为 100 人，各景点每位游客的平均游览时间均为 2 小时，整个景区的平均游览时间为 8 小时。根据以上假定可以推算出 ABCD 四个景点的日周转率均为 4 ，各景点的日空间容量均为 400 人。按照传统量测公式，风景区的日空间容量为各景点空间容量之和，即 1600 人。而实际的情况是，游客在 A 景点游览之后又会流动到 B、C、D 景点，B、C、D 景点游客游览完之后也会相应转到其他 3 个景点，400 人在景区内部流动了 4 次。这就会造成每个游客在 4 个景点都被重复计算了一次，对于整个风景区来说，一个游客实际上占用了 4 个游客的旅游容量指标。因此风景区总的日空间容量不是 1600 人，而仍然是 400 人。由于游客在景点之间是相互流动的，风景区接纳 400 人之后已经没有能力再接纳新的游客了。

第 33 问　旅游接待建筑规模估算的意义是什么？

答： 观光农业景区旅游接待建筑是伴随着现代旅游业的发展而产生的，

并随着现代人旅游目的和旅游方式的改变而日趋多样化。近现代，许多国家对旅游业开始重视，开放旅游胜地，接纳游人的住宿、餐饮和娱乐设施等服务项目成为风景区建筑的主要内容。我国70年代末政策开放，风景区旅游逐步得到重视，由于旅游者的结构层次、旅游目的及旅游方式多种多样，产生了一些富有特色的旅游接待建筑形式，它经历了从无到有和改造、提高等阶段，并逐渐走向成熟。

旅游接待建筑是构成农业观光景区整体功能结构的组成部分，是风景区直接服务于游客最重要的内容之一。其功能主要为旅游者提供住宿、餐饮服务，增进游客对风景资源及所处地区文化的了解。在旅游淡季还可为其他社会活动使用，即承担一部分社会功能。其基本形式为旅游旅馆、招待所、别墅、野营地、餐饮设施等。

第34问 影响旅游接待建筑规模的因素有哪些？

答： 风景区旅游接待建筑规模的确定以风景区旅游规模的预测为先决条件，也就是说风景区旅游规模是风景区规划确定旅游接待建筑规模的基础。目前国家级、省级风景区包括的类型中，有以自然景观为主的，有以人文景观为主的，也有两者兼顾的。其规模大小不一，而且所处的地区差异很大，各方面情况不尽相同，因此风景区旅游规模的预测是一个有相当难度的课题。影响风景区旅游规模的因素很多，主要包括风景区环境容量、所处地区的经济基础、经营和管理水平及社会环境等因素。前两个方面分别为技术因素和经济因素，是制约旅游规模的基本因素，也是旅游接待建筑规模的基本制约因素。这里主要讨论这两种因素。

(1)环境容量—技术因素。

风景区规划不仅是为了解决旅游资源的开发与利用问题，而且也是为了解决其保护问题。超环境容量的旅游，势必会给旅游资源带来破坏。我国目前一些风景区的旅游规模已经大大超过了其本身的环境容量，这不仅影响了游人的观光效果，而且影响了旅游资源的长期利用，增加了维修及管理费用，使其利用效益大大下降。以环境容量来确定旅游规模，是解决这种“拥挤旅游”的有效措施。

风景环境容量指各种风景地区与旅游设施的最大可容量，又称合理容量、最大游人接待量，这种容量要保证旅游活动的“快适度”低于资源保存的“忍耐度”。从以上概念来看，风景区应确定最大游人接待量，以保证风景区的最大利用效率。超过最大限度会给风景区的开发和利用，以及资源保护带来许多问题。环境容量有一定的适合程度，存在着绝对量的一面。由于人们对环境具有极大的适应力，人们可以通过自我调节忍受“超负荷”的游览环境，也就造成了环境容量的不确定性。从这种意义上说，环境容量存在相对量的一面。因此，环境容量的研究，应在绝对量和相对量之间求得平衡，也就是在一定条件下的一个相对稳定值，这个稳定值是确定风景区旅游规模的重要依据之一。

风景区的环境容量，应是各景区或景点容量的总和。确定的环境容量是风景名胜区各项设施建设的依据，也是组织管理、提供服务和供应的依据。为了风景区旅游资源得到良好的开发、利用和保护，风景名胜区一定要有计划地接待游人，不允许无限制地超负荷开放。

风景区环境容量控制了风景区的旅游规模，风景区旅游规模决定了旅游接待建筑的数量。旅游规模，即旅客游览总人数，在风景区合理容量范围内，应对风景区中的景区景点挖掘潜力，改善管理经营方式，以及改建增建风景区的服务设施，以改善服务条件，促进旅客游览规模的增加。旅游接待建筑是风景区服务设施的重要内容之一，增加旅游接待建筑建设，可以增强风景区的旅游接待能力。旅游规模一旦出现接近或大于该风景区年合理容量时，就必须及时考虑建设新的景区景点，同时按比例有计划地增建新的旅游服务设施，否则会带来超容量旅游的不良后果。

(2)地区经济基础—经济因素。

进行风景区规划、确定旅游规模时碰到一个重要问题是资金问题。风景区建设除部分依靠国家投资外，大量资金依赖于本地区的经济实力。旅游规模的增加，其他物质生产部门投资的保障程度，将直接影响旅游效益的发挥。例如，当旅游规模需要增加时，交通工具制造部门、能源部门、建筑部门需相应地增加产出。这些部门所增加的产出，必须要有一定数量的资金投入才行。否则，它既造成国民经济建设比例失调，也会在旅游业内部造成管理调度不灵、服务质量下降等现象。因此，风景区旅游规模应控制在地区经济投资所允许的范围内。

旅游规模的确定，也就是在一定时间内(如一年)旅游人次的确定。假定平均每个旅游者消费支出一定，游人量决定了投入该风景区旅游的消费量。从理论上讲，投入货币量越大，对增加国家财政和提高人民的生活水平越有好处。从宏观角度谈这个问题，实际与理论是相符的。但从地区经济范围内谈这个问题，就绝非这样简单了。旅游业的发展，必然引起大量货币随旅游者涌入风景区，这种货币的涌入在一定时期内会引起风景区的物价上涨，形成一个物价“高原”，而周围地区相应成为物价“盆地”，这种现象对旅游业的发展和当地人民生活水平的提高都会有影响。有两种结果：一是地区经济基础比较好，有充分能力吸收和消化涌入的大量资金，能向旅游者提供充足的旅游消费品。这样既能消除部分物价上涨因素，又能使本地区的经济和旅游业有进一步发展，形成良性循环。另一种情况是地区经济不很发达，旅游者带入的货币量过大，超出地区经济的承受能力，搞孤峰突起旅游业，势必使货币量支出和实物量供应之间失去平衡，造成区域性通货膨胀。因此，风景区旅游规模应与地区经济实力相匹配。

第35问 观光农业景区不同的接待建筑规模怎样确定?

答：观光农业景区旅游接待建筑规模有两方面内容：

(1)总体规模。

景区拥有旅游接待建筑的总体规模的确定是以景区旅游规模的预测为前提条件。由于受到环境容量和地区社会经济基础以及经营管理水平等因素的影响，而这些因素弹性较大，常常出现接待建筑规模的确定与游客需求不平衡，不平衡的主要表现为游人数量与风景地区接纳能力的不相适应，以及旅游淡旺季节游人数量的变化。

当游人数量接近或超出该风景地区的接纳能力时，在风景区环境允许的条件下，应开发新景区或其他旅游项目，以增强风景区的接纳能力，同时有计划地建造接待建筑与之相适应。风景区的开发若超出当地环境容许的限度，可配合周围的风景旅游区疏通游人，或靠行政管理的手段使游人控制在合理的范围内。当游人数量大大低于风景地区接纳的潜力，可按规划要求分阶段建造接待建筑。

由于旅游的季节性变化，游人的数量在淡旺季相差非常明显。城市型旅游接待建筑，在淡季，可通过改变经营方式的办法调节。处在风景名胜型旅游接待的建筑，在淡旺季节使用的变化很大。由于这些原因，增建旅游接待建筑时要进行调查和科学分析，以避免盲目性。如庐山风景区，游览高峰季节大量游人上山，正规接待建筑只能解决三分之一，其余三分之二是依靠各单位的临时招待所、居民组织办的服务社、假期中小学校教室及住在居民群众家里等方式来解决。这样有组织地调动当地社会力量来临时接待游人也是一个经济有效的办法。欧洲几个旅游业较发达的国家，供旺季使用的“补充住处床位”比正规床数还多，如瑞士，其“补充床位”数占总接待人数的一半以上。所谓“补充住处床位”指住在亲友家里、租用私房、住野营帐篷等。因此，在风景区规划中，应综合考虑各种接待设施的接待能力，在此基础上确定旅游接待建筑的数量，使其规模确定在合理的范围内，以提高其利用率。

由于客源的消费层次、职业结构等不同，对服务标准的要求也就不同。在风景区建设旅游接待建筑时，就不能用一个固定的标准。对于各种标准类型旅游接待建筑规模的确定，其依据主要在于旅游市场的客源结构，不能主观想象。根据游人消费结构，有计划地设置各类标准规模的旅游接待建筑的建造数量，以供不同消费者选择，适应不同消费层次的需求。景区各种标准的旅游接待建筑的数量应与游人的消费层次基本适应，以利于管理和接待游客。

国内外对旅游接待标准的分类基本相同，各类接待标准的数量及其之间的比例却不尽相同。我国在风景区旅游接待建筑的建设中，长期以来忽视了这个问题的重要性。由于不顾市场需求，建设高级旅游宾馆，追求国际一流水平，结果利用率不高，而一些中低档的旅馆却供不应求。由此看来，存在一个合理分配各类标准接待建筑的数量问题。当然，提高旅游接待效率，还有其它方面，如服务管理水平等。

国内旅游接待建筑有不同的标准类型，对旅馆来说，不应该确定专门接待某类客人。在同一幢旅馆建筑中可以有不同等级的房间，这样更有利于提高客房的出租率。

由于各种消费层次游人的数量不是绝对不变的，在一定时期内，存在着不同的变化。又因为景区的不同类型以及同一景区的不同区域，应根据各自情况，对各种消费层次的游人进行分类统计、预测，以确定各种标准旅游接待建筑的数量及比例关系，有计划地建设风景区。

(2)单体规模

景区旅游接待建筑是由单幢或多幢建筑单体以及其他服务设施构成的。在景区建设旅游接待建筑，有其特殊的要求，主要受经营管理、建造的经济性以及审美方面的要求和制约。

景区旅游接待建筑的单体规模，因其环境类型不同而不同。大多数意见认为，城市型旅游接待建筑的单体应以中小型为主，以达到投资小，收效快，利用率高的目的，应根据城市的结构、发展状况、历史背景、环境条件等要求进行设计。

郊区型旅游接待建筑，根据其地理位置不同，可分为城市近郊型和远郊型。其建造规模应以其基础设施、投资水平、自然景观环境等方面的要求来确定，大多主张以中小型、低层为主。

处在景区中的风景名胜型旅游接待建筑，其单体规模应以小型为宜，体型多以化整为零的方式为好。对环境的尊重是这类旅游接待建筑最重要的设计要素。这不仅要求其空间类型和建筑形式与环境紧密地结合，而且还要根据环境特点，对其规模进行严格的控制。大中型旅游接待建筑，其大面积的停车场地、大量的排污及大体量的建筑实体都会对原有环境的生态和视觉平衡造成不同程度的破坏。而小规模的旅游接待建筑，可减少对电力、机械设备的依赖，便于上马；可节约材料，降低造价，加快建设与回收投资速度，适应我国当前经济水平，可充分利用当地材料及当地施工力量。

有些特殊类型的旅游接待建筑，其规模比较特殊，应根据旅游市场的要求确定，有时需不惜投资，以达经营的目的。如对原有民居、别墅进行改造等。例如庐山、鸡公山、莫干山，原有别墅多，正在采取逐步改造的措施，增加卫生设施及公共服务部分，充分利用原有建筑。

以上对单体规模的分析和对适宜的环境的界定不是绝对的。建造时要看具体情况来决定较为适合的规模，而规模的确定是否达到最佳则应看投资、收效、利用率及风景景观等方面是否取得了良好的效益。

第36问 发展观光农业园区还要对哪些资源进行研究？

答： 在对上述几点进行认真研究并得到该项目切实可行的结论后，还要对项目所在地的其他人力、物力、生态等资源进行研究，了解项目所在地的历史、民俗、人文、经济、客流以及与周边景区的距离，人均消费水平等诸多因素进行研究，从而确定观光农业项目的发展方向，内容以及投资规模，努力做到万无一失。

第四节 观光农业园区的分区规划

第37问 观光农业园区的分区原则有哪些？

答： 无论是综合型的观光农业园，还是单一主题的观光农业项目，生产是主要的基础功能，没有农业生产就没有最基本的景观环境，更谈不上实现经济功能的产品销售和观光收入。观光农业的生产与常规农业的生产有相似之处，也有很大的区别。在常规农业生产中，追求产品的优质、高产、高效是主要目标，生产过程是需要按一定的程序和技术规程去进行，品种、技术、模式单一化是很明显的，仅以获得优质、高产的农产品为最终目的。而观光农业的生产除了要获得农产品以外，还得使生产过程和生产的现场具有景观效果。为了实现周年旅游和旅游者对景观及产品全方位的需求，就必须安排多品种、多种生产模式和反季节多茬次栽培，需要相关设施和技术做保障。在同一环境条件下，栽培或养殖多种动植物品种，需要协调好它们的共同需求，处理好它们之间的矛盾，实现整体平衡生长和协调发展。另外，要把作物栽培与科技文化、园林艺术结合，赋予植物栽培的多种景观效果。

观光农业园已不再是单一功能的生产园，由于有旅游者的参与，将不可避免对园区的生态环境造成一定的影响。同时，观光农业园的建设不仅不能对周边环境和内部环境造成破坏，而且还要起到优化区域生态环境和维护自身生态可持续发展的作用。因此，观光农业园的策划建设者和经营者，不能只顾眼前利益和自身利益，把环境负荷和生态建设的压力强加给他人。从建设开始，就要按照生态学原理和循环经济模式、立体农业的理念去规划园区，协调好生产环节和消费环节的紧密联系，把建立和维护一个具有生物多样性的复合农业模式与现代科技手段贯穿起来，减轻对环境的压力，提高生态效益和综合经营效益。

在园区的生态维护和建设中，要把种植、养殖、加工、销售、旅游观光等活动产生的有机废弃物集中处理，把它变成生物能源和种植业的优质有机肥，以消除环境污染和能源的浪费。要合理精准施肥，避免污染地下水和土壤的盐碱化，提倡按照有机农业的技术要求开展生产经营活动，杜绝一切对环境有害的除草剂、杀虫杀菌剂和含重金属离子的化学品使用。积极采取生物技术如：生物菌肥、生物农药、植物源农药的使用，构建观光农业园区健康、可持续发展的农业生态体系，为生产者和旅游者创造舒适、优美的生产旅游环境。

不可否认的是现代农业科技为缓解人多地少的压力，在解决食物和生物能源的短缺中发挥着越来越重要的作用，需要人们去正确认识，尤其需要让更多的年轻一代去关心农业科技的进步和发展。在观光农业园区内，需要把现代农业的各种新技术、新设施、新产品、新品种进行全方位的生产展示，使农业园成为城市居民和青少年学习农业的“绿色课堂”。

在具备生产、生态和科普教育功能的基础上，农业的内涵和功能已经有了质的改变，为休闲观光功能的实现奠定了良好的物质基础和文化魅力。要吸引游客或让游客能留得住、玩得开心、尽兴，就需要完善作为旅游景点需要配套的相关设施和功能。

第38问 如何对区域进行规划？

答： 农业观光园区作为农业新兴生产方式的代表，其示范和辐射功能都有一定的区域性，为区域服务是其主要宗旨。现代农业园区的快速发展是一件好事，但在创建初期，一定要科学定位，合理规划，要明确将要建成的是一个什么样的园区，不能一味地求新、求高、求大，避免出现可看不可学，高档次、低效益的现象。因此，在园区的规划和选项过程中，一定要充分考虑项目所在地的自然资源状况、农业生产特点和社会经济水平，因地制宜地进行规划设计。

功能定位是园区规划的基础。园区建设的一切准则都要以功能定位为起点，园区内的功能应包括：

(1)展示示范功能。通过项目建设，把国内外先进适用的生物工程技术、设施栽培技术、集约化种养技术等引进园区进行展示示范，以带动区域农业科技水平的提高和农村经济的发展。

(2)龙头带动功能。一是园区引进的国内外优良品种进行工厂化种苗的快速繁育，带动周边和辐射区内名、特、优品种的普及与推广。二是通过园区在产后加工、销售方面的独特作用，以经济为纽带把周边农民组织起来参与种植和养殖生产，逐步形成以科技园区为龙头的产业化生产流通体系，促进和带动区域农村经济向前发展。

(3)休闲观光功能。园区在规划过程中，除保持农业的自然属性外，还可利用新型农业设施和高新技术展示的现代气息，加上园林的整体设计和常年进行的名特优瓜果、蔬菜、花卉、特种珍禽、水生植物和观赏动物养殖的生产与示范，形成融科学性、艺术性、文化性为一体的、天人合一的现代化农业休闲观光景点。

观光农业园区一般总是与当地的主导产业紧密相连，应根据区域性主导产业特点和自身的优势来进行定位，突出一业，兼顾其他，形成特色。为了解决相邻观光园区产品结构雷同，区域产业带动能力差等问题，可以以区域资源为基础，以发挥比较优势项目为原则，分层次对园区功能进行定位，分区域和时序对产业定位进行研究。

观光农业园以农业为载体，属风景园林、旅游、商业等多行业相交叉的综合体，规划选址一般应位于大城市近郊或旅游线上，要和周围环境相协调。以交通、通讯、供水、供电方便，立地生态条件好，环境优雅，无污染的自然农业用地为好，也可选择依山傍水的地块，与自然景观相融。根据规模、投资能力和功能设置的需要进行规划，应有所侧重、有所取舍，做到因地制宜、区别对待。

①分区原则。作为一个综合性的农业休闲观光园，要根据观光农业园区的建设与发展定位，按照服从科学性、弘扬生态性、讲究艺术性及具有可能性的可行性分区原则，将整个园区分成果林环抱核心服务区、鱼池绿地围合式生态格局，从整体上运用规范式网状道路或水利形成基本分区骨架，以充分体现农业科技的本质和现代农业文化的理念，而局部分区内分别采用规则式、符号式或自然式园林景观设计的布局手段，以体现观光农业的艺术灵动性和现代休闲文化的时尚性。根据项目类别和用地性质、示范类作物按类别分别置于不同区域，且集中连片，这样既便于建设又利于汇聚人气，经营管理。建筑用地集中设置于主入口处与主干道相通，这便于土地的集中利用，基础设施的有效配置和建设管理的有效进行，将前几种布局形式相互配合，结合园区基地的实际情况进行非农业用地的布局摆放。

②规划区域。一般需要具备如下几大功能区：

核心区：是观光农业园人流最为集中的区域，主要承担接待、吃住、娱乐以及办公、后勤等生活服务功能，也是农业科技、农业文化、民俗文化、温室公园的观光展示区。

核心区旨在重现观光农业园区内“水美、草盛、林茂”的美好景象，展现现代农业科技，延续农耕文明为主题，通过以农耕为主题的高标准粮田生产示范、水果采摘、设施蔬菜、智能温室栽培等农业设施展示，展现现代农业科技，延续农业文明。

——“水”主题区

1）水上乐园。以阳光、沙滩、海浪为主题，营造一流的，集度假休闲、健康游乐、观光旅游为一体的水上主题乐园，内容可包括海浪池、休闲沙滩区、海啸区、趣味儿童池、疾驰竞赛滑道等，与园区农业休闲旅游融为一体，遥相呼应。

2）温泉度假中心。形成以温泉娱乐、会议培训、疗养健身和社交商务等为一体的四季皆宜的度假胜地，满足游客全方位、多层次、综合性的休闲消费需求。内容包括温泉洗浴中心、健身理疗中心、会议中心与采摘休闲会所。利用温泉的养生功效，将养生、健身、医疗、康复、美容、护理、健康管理等一系列养生手段深度结合，形成面向中高端市场特别是女性市场的巨大突破。

温泉洗浴中心荟萃古今中外洗浴文化经典，提供特色温泉泡浴、温泉药浴、温泉游泳、温泉桑拿等服务，如牛奶浴、石板浴、木板浴、药浴、冲击浴、瘦身浴、芦荟浴、SPA 盐浴、室外泡汤等。

另外可以设置健身理疗中心。根据人体的需求设计多款保健按摩套餐，如纯精油熏香、法国帕罗斯精油七轮按摩、中药足底按摩、中医经络按摩、传统保健按摩等。这些项目既发扬传统中医按摩的精髓，又借鉴国外先进的按摩手法，让游客既体验到中医博大精深的按摩医术，又让其不出国门就领略异国的保健情调，缓解精神压力大、身心疲劳的亚健康状态。

——“草”主题区

集草原风俗文化、饮食文化、人文理念、休闲娱乐于一体，突出草原文化特色，重点打造具有浓郁草原文化的生态农牧旅游景区。

在突出草原特色的同时，适时推出与周围环境相适宜的百花园生态餐厅、草原农家乐、蒙古包住宿区和生态马场，集运动健身、餐饮、娱乐等功能于一体，内设原生态菜肴、蒙古王酒吧、KTV 包厢等，硬件装修和配套设施力求精美，服务细致周到。同时设立 VIP 专区，营造完全放松、完全私密的娱乐环境，打造一个专属精英阶层沟通和交流的平台。

“健康、绿色、营养”已经渐渐成为一种深入人心的饮食标准与趋势。特别是在都市生活中，人们对清新绿色的喜爱，对宁静生活的渴望，都折射出人性中对于大自然的向往。

倡导“绿色饮食”理念，推出原生态菜肴，引领一种饮食风潮，在无形中拉近城市与自然的距离，让市民走出都市，品尝来自大自然最纯真的味道。原生态菜肴的灵魂就是百分之百的“原生”身份。那些最贴近泥土的食材，在阳光与月光的照耀下生长，带着露水的清香，释放出新鲜的生命活力。那些来自清澈水域的河鲜，来自农家小院的野味，都可作为原生态菜品，使食客无时无刻不感受到空旷山林、开阔视野、清新空气。

——“林”主题区

结合规划区的林地资源，打造森林主题景观；结合周边观光采摘、休闲垂钓等农业景观，以“休闲旅游观光模块”的形式布置项目设施，为市民提供富氧养生场所。通过安置各式各样不同规格的小木屋，开设森林旅馆和森林餐厅，方便游客园内生活，也为新人提供了浪漫的蜜月度假场所。其内容主要包括真人 CS 基地、露营基地、特色餐饮区和小动物乐园。

真人 CS 基地依托自然环境并进行综合改造建设，形成集野战生存、军事对抗、军事科普、军事拓展训练为一体的大型真人 CS 基地，包括有沙包、索桥、瞭望塔等各种战场掩体，高地争夺战、抢滩阻击战、丛林搜索战等不同地形的战场。使参加者既可体会和领略到“真枪实弹”、“战场厮杀”的感受，又可以让人回到大自然中，增进友谊、增强体质和集体凝聚力，而且安全可靠。

本着生态和谐的原则，充分结合地形、地貌，在林间建设居住、服务基地，满足游客生活要求。依托周边环境建设具有生态特色的森林旅馆，满足城市人漫步在林间小道，呼吸着新鲜空气，过着无噪音、无污染的世外桃园式生活的愿望。同时，设立汽车营地和宿营车，并配置起居室、厨房、卫生间和浴室等。

建设具有当地农业风情的餐饮区域，采用集中成片开发和零星散落分布的模式。餐馆建筑风格和内部装饰体现生态特色，充分利用木、苇、蒲、草装饰建筑外观，以1~2层为宜，内部装饰在保障环境卫生的条件下体现当地特色，把当地特色做法引入，形成独具特色的美食园。

小动物乐园进行林下小动物饲养，引进家兔、小山羊、小鹿、小毛驴等观赏强的动物，通过介绍展示这些动物的生活习性，达到科普教育的目的。也可让游人在饲养员的指导下参与喂养投食，与游客体验互动。同时，游客可选择认领小动物，平时园区代为看管，闲暇时前来照顾，体验原生态之趣。

——民俗文化展示区

通过民俗街，以作坊加工、制作、展示的形式，充分挖掘当地的民俗民风，吸引游人参观、亲身体验，将当地民俗文化发扬光大。

——现代农业示范区

1）智能温室展示区。包括连栋温室和部分日光温室，连栋温室主要功能为立体栽培、无土栽培等农业最新科技展示，以及家庭园艺、休闲垂钓等观光体验，日光温室内引进温室小气候数据采集分析管理系统“温室娃娃”，通过24小时循环语音检测，随时掌握大棚内空气温度、地温、湿度、露点、光照强度等，并利用电脑能对这些数据进行实时显示、分析。

2）观光采摘区。包括日光温室采摘区与观光采摘园（露地采摘）。此园是给游客提供自由采摘果品的场所，游客可在其中亲自采摘自己喜爱的果品，品尝新鲜美味，体验收获的乐趣。作为大众游客的休闲体验区域，其中的果品种类要合理搭配，如葡萄、草莓、油桃、苹果、杏、梨及各种蔬菜，营造四季皆有花有果的美丽景象，实现一年中每个时段皆可观、可游、可采。

3）设施蔬菜生产区。主要进行温室反季果蔬栽培，采用静电除雾、滴灌、声波驱虫器、温室机械、水肥一体化技术等先进设施设备、优良品种以及温室高产技术，进行高档果品蔬菜生产，主要供应园区内部消费和项目所在地的中、高档果蔬市场，包括设施果品和特种蔬菜。

设施果品包括反季草莓、杏、葡萄、樱桃等高档果品；

特种蔬菜包括水果黄瓜、樱桃番茄、芽苗菜、南方蔬菜、水生蔬菜、人工山野菜等。

4）露地蔬菜生产区。主要为园区蔬菜新技术引入示范、蔬菜品种试验、改善灌溉条件（滴灌、喷灌），改造提升原有蔬菜种植模式。

5）高标准粮田生产示范区。以种植小麦、玉米、小豆类、大豆类为主。引进一批适宜当地生产的种植新品种，确保当地良种应用率达到100%。同时推广平衡施肥、秸秆还田、增施有机肥等实用技术，实施工程节水、生物节水和管理节水等综合配套技术，制定病虫害防治预案，将粮食农药残留控制在国家规定的标准内，按照《高产优质高效粮食示范区小麦（玉米）标准化栽培技术规程》，实施标准化生产和管理，从而使当地粮食生产水平稳步提升。

生产区：生产区在观光农业园区中占地面积较大，主要是农作物、果树、蔬菜、花卉园艺生产、畜牧、鱼类养殖等，故需选择土壤、地形、气候条件较好，并且有灌溉、排水设施的地段。该区一般因游人密度较小，因此可布置在远离出入口处。但要与管理区有车道相通，内部可设生产性道路，以便生产和运输，供游人采摘用的果蔬生产用地，应靠近游客游览区或餐厅附近，以促进游客采摘消费的欲望。

示范区：示范区是观光农业园区中生态农业示范、科普示范、新品种与新技术生产示范需要而设置的区域。该区域内包括管理站、仓库、苗圃、苗木等，最好设有专用车道及出入口，不要与游人混杂，以便于产品运输。

示范区主要依托核心区的农业科技力量对示范区在现有设施农业基础上进行提升，以设施农业为重点，建设高效农业标准化生产区，同时发展绿色蔬菜、有机农产品和水产养殖，建立循环农业技术体系和低碳农业技术体系，项目建成后，将辐射带动周边设施农业发展。

循环农业是保证农业产业可持续发展、促进节约型农业发展的要求。以循环农业理念打造循环农业产业区，将循环经济融入到各个产业区中，使各产业区有机联合在一起。通过循环经济链接产业，使一个产业的终端成为另一产业的始端，从而促进废物资源化和资源的可持续利用。

采取“种—养—沼—肥”的循环模式，种植业和养殖业相结合，通过生物质能转换技术，将沼气池、畜禽和日光温室等联系起来，形成良性生态循环模式。设施蔬菜种植，为养殖业奠定物质基础；秸秆青贮、发酵，开发秸秆饲料用于养殖；养殖场畜禽粪便生产有机肥，用于种植业生产；畜禽粪便进行沼气发酵，同时生产沼渣沼液，开发优质有机肥，用于作物生产。

农产品批发交易市场位于循环农业示范基地中部，对外交通便利，占地面积约为3000平方米，由冷库、初级加工车间和交易市场组成。冷库主要用于果品、蔬菜的原料和成品菜、礼品菜的贮藏；初级加工车间，用于果品、蔬菜的清洁、分类、包装等初级加工，实现净菜上市，实施农产品品牌战略。同时把发展农产品加工、现代物流与推动农业产业化经营结合起来，延长产业链条。精深加工内容可以与相应的专业厂商合作，同时注重食品的安全性，加工过程中严格实行标准化、规范化操作。

观光区：观光区是观光农业园区中的闹区，是游人流集中地，该区设有观赏型农田、瓜果、珍稀动植物养殖等地点，园区中的景观建筑往往设在该区，该区地址可选在地形多变，周围自然环境较好的地方，能使游客身临其境，感受田园风光和自然生机。这个区域因观光娱乐活动的人流较高，相对集中，要合理地组织空间，应注意要有足够的道路、广场和生活服务设施。

管理服务区：是因观光农业园区经营管理而设置的内部专用地区，该区内可包括管理、经营、培训、资讯等功能与设施，与园区外主干道要有方便的联系。一般位于大门入口附近，到管理区内要有车道相通，以便于运输和消防。

休闲配套区：在园区中为满足游客休闲需要，除有意识在各处设置休闲坐凳等设施外，还有必要在园区中单独划出休闲配套区，该区一般应靠近观光区并与其它区用地块分隔开，以使其保持一定的独立性和私密性，达到“闹中取静”的效果。

生态养殖与农业废弃物处理区：主要设家畜、家禽、观赏小动物、观赏鱼的养殖，严格控制数量和规模，以满足观光和实现资源循环利用为主要目标，体现人与自然和谐的主题。养殖、种植、观光和生活产生的有机垃圾集中进行无害化处理。

农产品展示销售区：园区生产的各种花、果、菜等农产品的加工、包装、展卖，同时可以设全国优质农产品的连锁展销。

另外，观光农业园区中的配套项目还应包括餐饮、垂钓、烧烤、度假等等，这些项目可以使游客深入乡村的生活空间，是参与体验实践系统的场所。

第39问　如何进行观光农业园区的功能布局规划？

答： 根据以上几大主要功能，在进行观光园规划设计布局时，一般把核心区放在整个园的中心部位，要靠近入口，园区大门一般以主要交通要道边的合适方位(以东、南方向为最佳，西向也可)，停车场可以设在大门口或园内，为了方便对游客的接待服务，需要把接待服务设施也设在入口位置。把办公或综合楼放在显要位置，把餐饮、购物置于入口的一侧，并可与农产品的加工销售区毗邻，这些功能区是可以完全开放的区域。观光与科技展示区是主要的观光景点，利用高档温室设施进行农业主题公园建设和高新栽培技术展示，该区离核心区也不宜太远，游客可以直接步行参观为宜，是相对封闭并实行征收门票的区域。学生农庄也是独立的区域，专为中小学生的科教活动、体能训练和社会实践提供服务，为了学生的安全和管理，必须实现独立隔离设置，不要离核心区太远，以便于管理。都市农园是以生产、采摘和农事参与为主要功能，不受平面和空间布局限制，但一般可以把蔬菜和花卉，尤其是设施栽培部分设在离核心区稍近些，露地果树区可以设得远些，也可以把果树的观光和采摘区布置在园区四周地块，以起到绿化和生态维护的功能，实行开放或季节性封闭管理。把生态养殖和农业废弃物处理区设在观光园偏僻的下风、下水位置，以避免养殖和有机物处理过程中的异味对观光的影响。生态养殖区也可对观光的游客开放并设置参与项目。

第五节 不同地区的观光农业园区的经营定位

第40问 丘陵地区的观光农业园区如何经营定位?

答： 丘陵地区的观光园的地势变化比较大，原有树木较多，因此在选定项目时，最好选择日光温室、采摘、射猎、林下散养等项目。

第41问 水边地区的观光农业园区如何经营定位?

答： 水边地区农业观光原则应选择水上娱乐项目、垂钓项目经营。

第42问 平原地区的观光农业园区如何经营定位?

答： 平原地区农业观光园可选择采摘、生态餐厅、民俗展等项目。

第43问 城郊地区的观光农业园区如何经营定位?

答： 城郊地区农业观光园的地理位置较好，客源条件优越，因此在选择项目时可选择生态餐厅、科普、温室景观、采摘等相对消费较高的农业项目。

第44问 观光农业园区如何经营定位?

答： 在观光农业园中，要把观光区和采摘区分开来经营管理。观光区的作物生产必须保证周年的景观效果，而且尽可能地保持稳定，对养护的技术和精心的程度要求极高，对环境的要求和对游客的管理也需加强，以免突发灾害和游客的人为伤害造成景观的破坏。对于成熟的蔬果产品必须在管理人员的有计划的安排和指挥下才能让旅游者参与采摘或品尝。农产品的生产不能以追求单一作物的高产和优质为目标，而是要以持续的景观效果、均衡的产量为努力目标。

采摘区可以把不同品种或同一品种按不同的季节排开播种期，通过一定的设施环境条件和技术措施实现均衡成熟，在让游客参与采摘时，要把每个品种分区、分片、分期提供给游客采摘，避免场面失控而伤害作物，造成后来游客缺乏可参与采摘的产品。无论是观光区还是采摘区，对作物的生产及茬口安排必须以重要的几大节日为主要观光卖点，如每年的“五一”和“十一”黄金周，“元旦”和“春节”等，应该是农业观光园经营和努力的目标。抓住有利时机，组织好生产，为迎接旅游高峰的到来，造就最佳的农业景观，培育好丰富的农产品，是实现观光农业高效经营的关键。

在不同的功能区可以设置相应的参与项目，其中农事参与项目主要设在学生农场、都市农园及养殖、加工等区域。农事参与项目主要是让学生、游客参与部分农事作业，如：犁地、除草、播种、施肥、整枝、修剪、授粉、疏花、疏果、采收等；传统农耕文化与农耕体验可设置各种农耕设施、机具的操作，如摇辘轳、摇风车、踩水车、养蚕、抽丝、纺纱、织布、刺绣等；传统手工艺馆可设游客亲自动手制作工艺品，如草编、竹编、柳编等的工艺容器制作。科学实验室设置各项科学实验仪器、设备，学生可以参与植物营养配比、测试、病虫调查、切片显微观察、植物组培操作等科学活动，进行农作物各项生理指标测试，生理现象的观察、记录等。并在专业技术人员的指导下参与各种现代农耕机具的操作和设施环境的调控演习。

观光园的生活与休闲设施是为观光的游客提供吃、住、娱、息的环境和设施。主要设及有农业特色的生态餐饮、生态住宿、生态会馆、农家院、森林小屋、休息亭廊等设施；学生社会实践(学生小农场)、技能训练设施(小农具、小木匠工具、小瓦工工具、陶艺设施工具等)；野营、野炊设施；各种传统娱乐项目如：棋牌、麻将、茶艺、歌舞表演、篝火晚会等。这些项目一般可设在核心区或都市农园里，学生参与项目设在学生农庄里。

生态餐厅、生态住宿、生态会馆的规划设计中，要将传统建筑技术和现代温室工程结合，创造一种适宜于花草、蔬菜、果树及景观植物生长的环境条件，同时要创造生活、办公、休闲所需的舒适、优雅的环境，这是观光农业园拓展休闲、生活功能的主要项目，有利于提高观光园的休闲品位。

其他各种娱乐、参与项目设施对提高游客的游乐兴趣，吸引和留住游客具有重要意义，在设计时应充分考虑当地的休闲生活习惯和人们的喜好，包括项目的大小也要依据投资和客流量来确定。

第三章

观光农业园区的规划设计

第一节　道路及路边景观设施

第45问　道路及路边景观设施规划依据是什么？

答： 根据项目区的地理位置和道路现状，其道路设计的主要依据是交通部发布的主要行业标准：

公路工程技术标准(JTGB01—2003)

公路沥青路面设计规范(JTGD50—2006)

第46问　园区内道路的规划要注意哪些？

答： 道路系统是园区的重要组成部分，贯穿于整个园区，不仅引导交通、疏导人流，还将园区划分成形式不同、大小不一的空间。结合项目区现状，设计道路系统时主要遵循以下原则：

针对项目区空间特点，充分考虑园区功能需求和场所间的交通联系。

按游客需求考虑旅游线路，使交通流线清晰，高效有序，景观有机联系。

尊重项目区的地形地貌，因台就势，合理设计交通和游线。

以服务游客及带动产业发展为目标，理顺道路网络对接外部交通，实现内部交通与外部交通对接。

坚持“服务近期建设，适应中期发展，衔接远期规划”的原则，将近期建设与远期规划相结合，构筑“灵活、舒适、便捷、经济”的综合交通体系。

第47问　观光农业园区内的道路有什么要求？

答： 一级道路：路宽8 m，设置车行道和人行道，两边设自然绿化隔离带。一级道路为园区内各功能区相互联系的道路，且与进入园区的主道路相连。一级道路可以满足小型轿车和生产车辆通达各道路入口，是游客进入园区和农业生产运输车辆行驶的主要干道。

二级道路：路宽6 m，用于园内各功能区内部交通和设施农业生产性道路。二级道路构成了园区内部的交通网，满足各功能区内部运输与游人游玩所需。

三级道路：路宽2～4m，为园区景观道路和农业生产性道路。

表3.1 各级道路规模与投资

级别	宽度/m	长度/m	单价/元/ m^2	总价/万元
一级	8	11906	120	1142.98
二级	6	32058	120	2308.18
三级	4	6926	100	277

第48问 如何安排广场及停车场？

答： 整个园区的生态停车场分为三部分—旅游停车场、自行车停靠点与生产用停车场。停车场宜采用嵌草式地砖进行铺装，场地边缘适当种植高大乔木、花灌木等，在不影响场地停车的前提下最大限度的增加绿植量，凸现生态园区的特点。嵌草式地砖有利于雨水下渗，进而补充地下水，与生态园区的规划理念相得益彰。

1. 生产入口停车场及绿化。满足生产用车辆的停放。停车场出入口处以由高到低的植物配置原则为主，保证停车场入口的可辨识性，满足不同车辆回车的要求。

2. 生态停车场。停车场采用草格砖做为地面铺装，并进行园艺植物的点缀，突出生态的停车环境。在停车场旁边设置租赁区，为游客提供自行车、电瓶车等代步工具的租赁。

3. 门岗及保卫室。旅游性入口、生产性入口及园内个大项目入口处各设有门卫室，各个门卫室占地面积不超过20 m^2，由保安昼夜值班。

第49问 如何设置转换设施？

答： 为体现园区内的生态、环保原则，园区各功能区内只有主干道可以进行机动车的出入，次干道及游憩步行道主要自行车及游人漫步使用。游客可换自行车或步行进入园区游憩，采摘区采摘，生态湿地进行游览、观光活动。设置多种样式的自行车租赁点、停靠站，以方便游人换乘。

第 50 问　规划园区内路线还要注意什么？

答： 观光农业园内的道路设计与公园的道路设计类似，一般均以满足观光游览的方便而设，一般一级主路必须贯穿各大功能区，最好是能形成一个循环路线，路面宽一般在 5 ~ 6m，对于面积比较大，预计客流比较多的园区，可以把一级路设到 6 ~ 8m 宽，采用硬化路面，能适合观光车或小型机动车双向行驶。二级路为每个功能区内部连接各个小主题区而设，路面宽一般为 3 ~ 4m，可以临时单向行驶小型车辆，采用硬化或半硬化路面。三级路和四级路为每个小主题区内连接景点的小路，一般宽度为 1 ~ 2m，个别区域路宽 0.8 ~ 1.2m 即可，其功能是为游客提供观光步行的方便，可以采用半硬化或铺设园艺地布来实现。道路的布局和路线设计是以观光为主要目标，因此，可以蜿蜒曲折，高低错落，实现功能区和景点的连贯，道路及路边设施应是物化的景观。

观光农业园建设的最终目标是一个农业的旅游景点，如何让游客能在园区内有序地游览观光，能看到每一个景点是管理和接待工作所必须注意的。为此，要设计好旅游观光路线，应有主路线、次路线和循环路线，把每个景点贯穿其中。同时，要在主要景点附近和人流可能集中的区域要设立服务设施，把卫生设施、安全设施、购物设施有机穿插进去，以方便游客的游览观光。

购物点的设置在旅游线路中非常重要，在观光农业园区中，能否引导游客的购买欲或引导游客消费园区农产品，除了宣传引导以外，要在合适的景点旁边设立购物亭和现场采摘区域，使农产品能应时、以高附加值销售出去，才能进一步提高观光农业的经营效益。

第二节　观光园区内的景观规划

第 51 问　观光园区内的景观规划的原则是什么？

答： 观光农业园区的景观设计要和每个功能区的主题相协调，在主要观光通道的两边不仅要进行植物的绿化美化设计，同时要进行与主题吻合的文化、艺术的景观设计，要通过作物组合配置与指示牌、雕塑、假山、水系、小桥、休闲亭台等景观设施的设置，增强艺术内涵和提升观光品位。

观光农业园的生产是以观光、展示、科普教育和采摘销售为主要目标，与常规农业生产企业的经营模式和目标完全不同，生产即是景观化的生产。因此，生产模式和种植、养殖的品种原则上是越多越好，多样化的生产模式和丰富多彩的品种才能使观光的内涵更加丰富。但并不是所有生产模式和品种都按相同的面积和固定的格式进行布局，那样就缺乏艺术性和可观赏性。一般要把大众所喜爱，科技含量比较高，经济效益比较好，景观效果明显的生产模式、设施类型和品种，布局在地理位置、环境条件比较好的显要区域，面积也可以适当大一些。把其他一些比较原始、普通，经济效益比较低，观赏效果和科普意义不大的生产模式和作物品种，布置在条件相对差一些、位置稍微偏一些的地块上，面积不宜太大。无论是南方还是北方，为了使生产和景观效果能持续稳定，除了做好园内总体给水、排水和道路的基础设施建设以外，必须设计相当面积的生产保护设施。由于大部分作物均为一年生的草本植物，生长速度快，对环境和栽培技术要求高，要想获得稳定景观并延长景观周期，没有良好的保护设施和优越的环境条件是难以实现的。因此，必须建设各种档次的保护地设施，把一些相对比较名贵的品种、先进的生产模式放在高档的设施环境中。同时，作为观光休闲农业主题公园，游客对观光的环境提出了更高的要求，更多的现代人并不希望走在泥泞的道路和烈日暴晒的环境下观光游览，追求整洁、舒适、优雅的观光环境是人们的普遍需求。

在北方地区，生活和生产观光温室要考虑冬季加温供暖设施的设置，按照国家有关规定和行业标准进行配置和建设。为了维护观光环境的整洁，可以考虑采用浅层地能(水源热泵技术)进行夏季降温和冬季加温的新型能源。

园区出入口主要设生态停车场、游客服务中心、中心广场、购物亭、卫生间等设施。承担车辆停放、人流集散、门票征收、游客服务、产品销售及园内物资、产品进出管理等。

园内停车场应分设多点，其中位于园区主入口附近的停车场是主停车场，大部分游客来园均在此汇聚，其次是农产品加工、销售、配送区的停车场。再就是都市农园和学生农庄附近需设小型停车场。停车场建设要尽显生态、自然的特色。在停车场适当位置要设立进出口标志，道路行驶方向及景点标志。游客服务中心需要设售票处、咨询处、医疗室、导游部、保安处等，游客服务中心应设在中心广场旁或园区入口附近。在园内各主要游乐区、主要观光通道旁要设置生态卫生间和垃圾桶，用餐区和人流集中滞留的地方，要设置大型卫生间和大型垃圾桶，以方便游客和保证园内优美整洁的环境。

在进行观光农业园区景观规划时应有序地创造与组织自然素材、人工素材、事件素材，使观光农业园区景观的形象、意境、风格能有效的表达与显现。观光农业景观在风格上应反映农业文化的历史脉络，把历史文化、科学内涵、生活习俗等象征性因素融合贯通在景观形象之中，使景观在人们审美情趣过程中产生情感交流。

第 52 问　园区内建筑设施如何规划？

答： 观光农业园区内建筑景观的创造应具有实用功能性与艺术性。园区建筑要与环境融为一体，尽量给游人接近和感受大自然的机会，从而达到“相看两不厌”的境界，景区内建筑的体量和风格应视其所处的周围环境而定，宜得体于自然，不能喧宾夺主。既要考虑单体造型，又要顾及到群体的空间组合。景区内的建筑设施景观包括产业设施景观和旅游配套设施景观。

第 53 问　园区内游路水系景观规划有哪些注意事项？

答： 道路、水系、防护篱可以构建规划出整齐的观光农业园区空间格局，自然引导，畅通有序，体现出景观的秩序性和通达性。同时为畜禽、农作物、昆虫等各种动植物提供了良好的生存环境和迁徙廊道，是园区中最具生命力与变化的景观形态。

根据项目区内水资源的特点，在规划中利用现有水体结构，通过挖通、扩增等工程手法，使原有的池塘连片，打造良好的湿地景观水体效果。使水面既可以满足优美曲线的景观需求，同时又不失与周边自然美感的协调呼应。水岸使用坡岸的处理办法，并种植水生、湿生植物，形成人工的天然湿地景观，以弥补水体景观的缺陷，丰富园区水体景观。

园区内部采用人工开凿水塘的办法，在原有坑塘的基础上，通过扩挖、填埋、柔化水岸等景观处理手法，打造温泉度假中心、休闲垂钓中心、水产养殖区等景观功能性水体，水体同时兼具垂钓或洗浴功能。为保持水体自然景致，建议垂钓台采用木质平台，中间以木栈道相连接，既兼具垂钓功能，又具有很强的可观赏性。

第 54 问　如何规划农庄内的农业工程设施景观？

答： 农业工程设施景观包括一些堤坝、沟渠等一系列农业生产设施景观，在满足园区内农业生产功能的同时，还要注重对这些设施的艺术处理，改变以往单调呆板的生产设施设计方法，使之呈现出应有的景观效果。例如：横跨水系沟渠可搭建拱形网架，在两岸种植或基质培育各种优良的时令瓜果，形成悬于水面上的瓜果长廊，极富创造性、科技感和观赏性。

第55问 如何在园区内设置景观小品？

答： 为了满足人们休息、观赏，起到丰富园趣、提示、标识的作用，在对项目园区设计时大量使用了景观小品的设置。在园区入口，设置以园区标识为背景的文化广场；园区休闲活动区域，设有展示历史文化、历史事件和民间传说的各式雕塑、景墙等景观小品；采摘休闲会所周边设有露地园艺、瓜果长廊等观赏性景观；观光采摘园内部设置休憩观景小亭、遮阴廊架等；生态湿地园内设有以供步行赏鱼的滨水木栈道和观鸟的木亭。这些景观小品的设置，丰富了整个规划中园区景观的层次和内涵，也为游人提供了休闲、观景、游乐的观赏节点。

第三节 绿化环境景观规划

第56问 绿化环境景观规划的原则有哪些？

答： 按照景区不同区域的不同需求，按不同层次分别植有：乔木、彩叶乔木、花木、灌木、地被及水生湿生植物。这样的搭配组合，使得景观整体更加富有高低错落的层次感，色彩层次也凸现出来，在不同的季节，不同植被的色彩使植物配置本身也成为了一件极富美感与韵律的景观艺术品。

观光农业园区内的绿化环境景观规划可以说是园区总体景观一个有力的补充和完善。不同景区的绿化风格、用材和布局特色应与该区模式环境相一致，用春、夏、秋、冬园林树木、大田作物的季相变化，果树的春花秋实构建了农庄园区景象的时空特征、生态氛围及景观多样性和异质性，园区内总体上将形成片状大体量复合绿地围合建筑群落的聚集形景观生态格局。在进行观光农业园的绿化规划时，要参照总体布局，服从项目功能定位，植物与建筑、水系、道路及地形、地貌共同构成园区的环境景观。绿地建设体现造景、游憩、美化、增绿和分界的功能，不同功能区域的绿化风格、用材和布局特色应与该区环境特点相一致，不同道路、水体、建筑环境绿化要有鲜明的特色，因地制宜进行绿化造景，做到重点与一般结合，绿化与美化、彩化、香化相结合，绿化用材力求经济、实用、美观，注意局部与整体的关系，分布合理，满足功能要求，既有各分区绿化造景的不同风格，整体上又能体现点、线、面相结合的统一绿化体系，以植物造景为主，充分体现绿色生态氛围。

在进行具体规划时，要根据植物的生物学特性，从观光农业园区的功能、环境质量，游人活动、庇荫等要求出发进行全面考虑，同时，也要注意植物布局的艺术性。观光农业园区中的不同分区对绿化种植的要求也不同。

第57问 农庄的生产区如何绿化？

答： 因生产需要，生产区温室内外或花卉生产道路两侧原则上不用高大乔木树种作为道路主干绿化树种。一般以落叶中、小乔木为主调树种，常绿灌木为基调树种形成道路两侧的绿化带，再适当配以地被草花，总体上形成与生产区农作物四季变化的景观季相互补效应。

第58问 农庄的示范区如何绿化？

答： 相对于生产而言，示范区的树木种类可以丰富些，原则上根据示范区的单元内容选取植物，形成各自的绿化风格。总体上表现为彩化、香化并富有季相变化特色的植物应用。

第59问 农庄的观光区如何绿化？

答： 观光区内植物可根据园区主题营造不同意境的绿化景观效果，总体上形成绿色生态为基调，活泼多姿且季相变化丰富的植被景观。在大量游人活动集中的地段，可种植开阔的大草坪，留有足够的活动空间，主体树木以种植高大的乔木为宜。

第60问 农庄的管理服务区如何绿化？

答： 该区可以高大乔木作为基调树种，与花灌木和地被植物结合，一般采用规则式种植，形成前、后层次丰富，色块对比强烈，绚丽多姿的植被景观。

第61问 农庄的休闲配套区如何绿化？

答： 可片植一些观花小乔木，并搭配一些彩叶树和常绿灌木，以自由式种植为主，地被以四时花卉与草坪为主，形成春夏有花、秋有红叶、冬季有绿的四季景观特色，也可在一些游人较多的地方规划建造一些具有花果等不同造型和意境的景点，既与农业观光园主题相符，又可增加园区内的景观效果。

第62问 农庄的建筑物周边如何绿化？

答： 园区内部主要的建筑群落集中在现代农业技术示范区内，这一区域植被以生长良好的乔、灌木为主，并在建筑周边设有花坛、花钵、花境作为点缀。绿树、彩叶、红花、翠鸟，各种中式园林景观元素相映成趣，更增添了园区灵动美的气氛。

第63问 农庄的水边如何绿化？

答： 为达到浑然天成的自然效果，对于滨水景观植被进行多品种配置。从荫荫密林过渡到清可见底的水塘，选择了低矮乔木和灌木、湿生水生植被的混合种植方法，以实现植被的层次感和自然特色。湿生植被以芦苇、黄菖蒲为主逐步过渡到池中的荷花、睡莲，使游客遇水而不觉路绝，达到“柳暗花明”的意境。

第64问 农庄的道路如何绿化？

答： 道路在园区内主要起分割景观区域和引导游客行进的作用。主要分为主干道和游路两种形式。

1. 主干道绿化。主要采用列植的形式，在选择树木时尽可能选择树高、冠幅、干径基本一致的树。要求树木无病虫害、无机械损伤及较大的自然缺陷，干性好。栽植时可采取与灌木间植的方式。同时要注意天际线、林缘线顺滑，树木的枝杈不能影响车辆、游人的通行。

2. 游路。可以根据游路的动感曲线，进行列植和组团栽植，要求树木高低错落，进退有序，彩叶树种与常规树种间植，常绿树木与落叶树混栽，以达到曲径通幽的意境。需要注意靠近路边不要过度应用常绿树种柏类、易发生蚜虫的海棠等和易落果的柿子银杏等，以免形成阴森恐怖的空间或分泌物污染游客衣物。

第四节　园区的农田水利规划

第65问　规划园区水利工程的依据有哪些？

答： 规划依据

《灌溉与排水工程设计规范》(GB50288－1999)

《水利工程水利计算规范》(SL104－1995)

《雨水集蓄利用工程技术规范》(SL267—2001)

《节水灌溉技术规范》(SL207—98)

《低压管道输水灌溉工程技术规范》(SL/T153)

《喷灌与微灌工程技术管理规程》(SL236—1999)

《微灌工程技术规范》(GBT50485－2009)

第66问　园区内有哪些灌溉方法？

答： 在园区大力普及节水灌溉技术，提高水资源利用率，同时降低产业成本，因此根据不同的种植作物和地形现状，针对性地提出各种节水灌溉方法。

在高标准粮田示范区，采用低压管道输水，高效畦灌技术；在露地蔬菜种植区采用移动式喷灌、滴灌节水灌溉技术；在面积较小的高档蔬菜、花卉区采用喷灌和微喷灌，应根据实际情况选择微喷灌、固定和半固定式喷灌等高效节水灌溉形式，有利于产出商品的品质和产量的提高，达到节水又增收的目的；在连栋温室和日光温室等保护地蔬菜栽培区结合无土栽培采用滴灌方式并配合测土配方施肥技术，在将营养液直接输送到作物根部的同时实现节水灌溉的最大化。

第67问　园区内常用的管材有哪些？

答： 在满足园区灌溉系统对流量及压力要求的前提下，观光农业项目所使用的干管和支管拟选用聚氯乙烯塑料管(UPVC)，支管间距为100m，支管上给水栓间距为35m，地面管道拟选用聚乙烯塑料管材(PE)。

第五节 给排水工程规划

第68问 观光农庄中的给排水有何作用?

答: 观光园的给水和排水设施除了满足农业所需以外，还要满足生活、消防、景观及环境调控的需要。给水要根据各地的水源情况做好用水规划，对于水资源比较紧缺的北方大部分地区，应当考虑生产与生活用水的分离，还要考虑收集天然雨水和废水的净化处理，建立一个合理用水、节约水资源的良好模式。可以考虑在温室及建筑物附近设雨水收集池，把温室和建筑物顶上的雨水汇集起来，用于温室内蔬菜、花卉及景观植物的灌溉。在园区的较低位置规划建地表水蓄水池(小水库)，地表水可以用于绿化、果园、大田生产的灌溉用水。生活(餐饮、办公、住宿)和消防用水一般对水质要求很高，必须达到国家饮用水标准，可以采自无污染的优质地下水或引进自来水。给水原则上沿园区道路、景观、生产、生活设施及消防用水等需要进行布设。园区内的办公、接待、餐饮、住宿、娱乐等建筑设施，要按有关规定设置喷淋系统和消防设施，并保证消防用水。

排水应实行雨水和污水分流排放，雨水采用边沟和管道收集后，经格栅过滤排入蓄水池或河道；生活污水则由管道收集汇入园区污水处理站处理，达到国家排放标准后排放，或由管道收集接入市政污水管网处理。

第69问 观光农庄中的给排水的规划范围包括哪些?

答: 观光农庄中的给排水的规划范围包括核心区和示范区给水设备配置、整体管网布置，包括日常生活用水等。

第70问 观光农庄中的给排水的规划原则有哪些?

答: 以系统化思想为指导原则，对园区内给水管网系统布置进行经济、安全的规划，同时综合考虑区内近期重点建设项目和长远发展蓝图，既满足近期设计施工要求，又为中远期发展规划留有一定弹性，便于分期设计和实施以适应将来园区的发展变化。

第71问 如何进行观光农庄中的给水规划？

答： 1. 给水量计算。园区生活给水采用地下水，给水设计用水量应根据以下各种用水量确定。生活用水定额和综合生活用水定额，应根据当地国民经济和社会发展规划、城市总体规划、水资源充沛程度，在现有用水定额基础上确定。具体居民综合用水量指标按140L/人·日考虑，园区内工作人员和日最大接待客流量共为1600人左右，考虑园区内管网漏失水量和未预见水量之和按园区最高日用水量的10%计算，则园区最高日生活用水量为：$1600\times140\times1.10/1000=246.4(m^3/d)$。

2. 水源地选取。园区生活用水水源为地下水，新建机井分别满足核心区和生态湿地景观区生活用水。

3. 给水系统规划。供水压力大的高层建筑物设置增压水泵系统，建立园区内部给水管网系统，集中调蓄给水系统。供水主管道敷设在一级道路和二级道路下，然后从二级道路的供水主干管引入分管，采用枝状布置供水到各用水建筑。室内给水管采用DN32入户，DN25的管连接各个用水房间。采用镀锌钢管，丝扣连接。

园区生活生产用水均采用聚氯乙烯(UPVC)管道供水。主管采用管径为Φ110，根据各建筑用水量支管采用Φ75或Φ50。综合考虑供水的安全性、可实施性及经济合理性，输配水管线的位置应符合相关规定的要求，尽量沿规划道路和现有道路敷设，便于施工和维修；力求线路短，工程量小，管道根数及管理应满足规划期内用水要求。

第72问 如何进行观光农庄中的排水规划？

答： 1. 排水量。污水源来自生活污水，故污水最大排放量选取最高日生活给水量的80%计算，为$246.4\times85\%=209.44(m^3/d)$。

2. 排水系统设计。园区排水采用雨、污分流制。污水经污水处理中心处理排放到生态湿地园，再经湿地内植物、微生物分解处理从而得到净化。为加快生态湿地园处理污水的速度，湿地内设置曝气设备，以保持水清洁。室内排水管采用DN70机制排水铸铁管，地下敷设，柔性接口。园区内污水管径采用DN300和DN200水泥管。雨水管道根据地形布置，采用D400和D600U型水泥管。

第六节　用电规划

第73问　规划园区的用电要考虑什么？

答： 用电规划要根据生产、生活、游乐、景观、照明等综合需要进行规划设计。观光农业园的用电量比较大，生活区餐饮、住宿、娱乐环境的用电，温室生产运行的降温、加温设施等的耗电，除此以外，应当留出一定的负荷空间，并按相关用电的规范要求进行用电设施的设计、建设和管理，供电设备上要设立危险警告标志。供电还可考虑太阳能的利用，如太阳能灯等。而且非常符合观光农业园的特色，作为一种模式可以在阳光充足地区采用，包括风能发电照明也可考虑，目前这些新型能源在大城市周边的观光农业园不是很有优势，相反在边远地区由于电力资源有限，而自然风力、光照资源充足就很有应用优势。据了解其一次性投资比较大，产品和技术逐渐成熟，在边远山区农庄可作为能源来考虑设置。

第74问　如何进行园区的用电规划？

答： 1. 规划依据

《供配电系统设计规范》(GB50052－95)

《低压配电设计规范》(GB50054－95)

《电力工程电缆设计规范》(GB50217)

《民用建筑电气设计规范》(JGJ/T16－2008)

2. 电力负荷预算：园区电力系统是保障生产的重要环节，根据对规划区域资料搜集，对规划中有关指标分析和新增重大项目的用电负荷了解，结合园区用电负荷的历史资料和用电负荷的其他相关统计资料(如国民经济、人口、气象、水文资料等)，该园区电力规划包括生活用电和农业用电，按照规划的功能分布，具体包括员工生活用电、照明用电、电气设备用电、基础设施用电、服务性设施用电、生产用电等。

表 3.2 核心区电力负荷估算表(以某观光园区为例)

分区		名称	单位	数量	荷载(KW)
核心区	农庄人家	水上乐园	m^2	134067	350
		温泉度假中心	m^2	142071	640
		风情园	m^2	520260	800
		林下休闲观光区	m^2	445556	500
		景区	m^2	23345	300
	农庄农耕	文化广场	m^2	14674	1600
		民俗街	m^2	33350	330
		高标准粮田示范区	m^2	405536	500
		日光温室采摘区	m^2	76705	220
		观光采摘园	m^2	202101	450
		设施蔬菜生产区	m^2	636985	860
		露地蔬菜生产区	m^2	76705	100
		智能温室展示区	m^2	11059.2	28
合计	—	—	—	6678	

3. 电源及电网规划。为满足园区生产、生活用电要求，核心区设置四处配电室；示范区设置四处配电室。

4. 电力设施布局。加工园区供电电压低压采用380/220V 三相四线制，高压采用架空和埋地相结合的进线。低压供电线路采用电缆沟或管井地下敷设，接入配电线路设短路保护、过负载保护和接地故障保护。大负荷企业加工用户应设独立供电回路，与生活服务区负荷分开，以减少相互影响。

5. 场地照明规划。在园区 1、2 级主要道路两侧规划太阳能路灯、场地照明系统。在 1、2 级主要道路两侧布置单臂路灯，间隔 30 ~ 50m。照度要求：夜间 7.8lx。

园区内用电包括：生活用电和农业生产用电。

电力线路及主要道路的照明线路宜埋地敷设，在不影响景观的前提下，可以采用架空绝缘线路。

第 75 问 如何进行园区的通讯规划?

答： 1. 规划原则。

(1)线路应短直，少穿越道路，便于施工及维护。

(2)线路应避开易使线路损伤的区域。

（3）减少与其他线路等障碍的交叉跨越。

（4）避开有线电视、有线广播系统无关的区域。

（5）选择地上及地下障碍最少，施工方便的道路进行铺设。

2. 电话分局。园区内安装程控电话，接入 wifi 和互联网电视信号，保证与国内外联络畅通。管理服务中心各办公室内装配固定电话和连接到互联网，以方便对内、对外工作上的联络；其它区域可根据实际情况设立相应的通信联络点，方便了游客的同时也加强了整个园区的信息化管理。

通讯主管道沿园区一级主干道路埋地敷设。

第七节　其他规划

第 76 问　地源热泵如何规划？

答： 根据项目建设的具体情况，在管理服务中心、智能温室展示区和日光温室采摘区分别设置功率为 100KW、1000KW、1000KW 的地源热泵机组，满足园区冬季供暖与夏季制冷之用，从而节省大量能源，做到生态、节能、减排。室内采暖设计温度按照不同的要求另行设计确定。

地源热泵机组的工作原理就是在夏季将建筑物中的热量转移到地下水源中，由于地下水源温度低，可以高效带走热量，而冬季则从水源中提取能量，由热泵原理通过空气或水作为制冷剂提升温度后送到建筑物中。通常地源热泵水泵消耗 1KW 的能量，用户可以得到 4KW 左右的热量或冷量。水源热泵是当前在建筑中实施推行的一种非常好的节能环保技术，地源热泵机组供暖管道沿规划路采用直埋方式敷设。

第 77 问　如何规划设置园区的环卫标识？

答： 1. 规划原则。合理布局环卫设施，推广垃圾分类，防止生活废弃物污染，保障人们的身体健康。建立密闭化、无污染的垃圾收运体系，逐步实现垃圾的无害化处理。

2. 规划内容。

（1）生态卫生间。园区内各采摘区和观光区设置生态卫生间，服务范围周边 150～200m 半径，粪便经过处理，进行综合生态化利用。根据用地功能需求合理设置公共厕所，交通干道公厕间距 300m。

（2）垃圾箱。园区实行垃圾集中倾倒，日产日清。购置垃圾车 1 辆，定期转运垃圾。园区建成后的主要固体废弃物为固体生活垃圾对固体垃圾应及时收集，分类包装，集中堆放，统一处理。对可回收再利用的废弃物要进行清理、回收、出售，不可回收的垃圾集中外运，送于市政垃圾堆放地点，由城区环卫部门统一处理。垃圾箱样式应与景区整体风格相协调，投放形式方便游客使用。在游人活动较为频繁的区域，增加垃圾箱的布置密度，布置间距为50~100m。保证该区域的环境卫生。其他区域可减少垃圾箱的布置数量，布置间距加大至100~200m。

(3)标识系统。在道路交叉口处设置中英文指示牌，方便游人到达所需景点。另外结合园区设计风格设置相应形式的植物标识牌，标注园内作物名称、拉丁名、科属，既起到了科普展示的作用，又可以帮助学生认知植物。在水体景观周边设置安全亲水标识和护栏，保障亲水安全。

第78问　如何规划园区内的消防系统?

答： 项目区内各项建筑应严格执行国家颁布的消防规范要求及安全消防设施建设。其消防工程必须做到以下几点：

1. 人员集中的现代农业技术示范区，设立消防控制中心，出现火情等紧急情况时能够及时安排有关人员疏散，实施救助方案。

2. 消防水源以区内给水管网为主，自然水面为辅。在供水干线上设置地上消防栓，消防栓100 mm吸水口朝向路边，以保证消防车直接取水。

3. 项目区管理部门须编制应急预案，并加强火灾宣传教育工作，提高员工防火意识。

第79问　园区的防旱如何进行?

答： 防旱规划：建设蓄水池及雨水收集系统，有效调节旱情发生时的用水问题。充分利用沟渠、硬化道路、厂房屋顶面等设施的雨水集蓄作用，充分收集雨水资源，将收集雨水排放到雨水净化系统经净化处理后作为灌溉和生活用水。

第80问　园区的防灾如何进行?

答： 1. 防汛规划。加强雨水排放设施建设，确保管网畅通，杜绝积水。雨水排放口防止汛期河水倒灌。对区内蓄水河进行清淤疏浚，加固和完善水利灌溉设施，增强防洪能力。

①根据各渠道排水方向，将河道拓宽、清淤疏浚，以保证行洪时的正常使用，从而增强区内的防汛能力。

②加高、加固、拓宽河道和各沟渠的堤坝，完善水利灌溉设施，增强防洪能力。

2. 抗震工程。根据《中国地震动态参数区划图》(GB18306－2001)，项目区建筑按照本地区建筑抗震标准设计。

贯彻“以防为主，避防结合，综合治理”的方针，建立指挥所。由指挥所统一调配通讯、交通、公安等系统的人员，负责传达上级的各项命令，宣传防震知识，组织防震演习，入驻企业共同编制区内的应急预案，在发生灾害时协助政府进行救护、疏散和灾后恢复工作。

第四章

观光农业园的主要项目与内容

第 81 问 观光农业园一般有哪几个分区?

答： 观光农业园一般可分为特色树木露地种植区、特色作物种植区、新奇特品种、新工艺区、温室展示区、特种动物养殖区、水上观光娱乐区、娱乐休闲区 、餐饮区、沙发吧、新品种、新技术研发区等功能区。

第一节　特色树木露地种植区

第 82 问 什么是特色果树?

答： 观光园果树品种的选择以观花与赏果相结合，并且达到一年四季花果飘香，发展奇珍异果、赏心悦目的新品种为重点，摒弃千篇一律的大众水果，藤本、木本，草本果树，高冠、低丛相结合，栽培技术独特而有创新，不再沿袭传统栽培方式，让游人看后有耳目一新的感觉，如乔灌木的棚架牵引整枝模式、错落的生态组合模式等等。

对于以果树为观光卖点的农业园，除了要对果园进行艺术化布局设计和改造以外，必须要以品种的多样化和周年采摘为努力目标，通过设施保护地栽培实现提前和延后采摘，延长果树的观光采摘期，提高果树生产的经济效益。有条件的果园可以实践南果北种，利用温室设施栽培热带、亚热带四季常绿的果树，能实现良好的周年景观效果和多次采收的目的，具有观光门票和果实采摘的双重收入。

第 83 问 为什么要对果树进行特色造型?

答： 当前，我国果树的造型与管理大多从农业生产的主要要务出发，就是从有利于果实产量与质量，有利于管理与耕作出发，少有考虑其它的功能，所以树型单一，视觉上没有创新，没有审美性与冲击性。比如桃树常以自然开心形为它的定格树型，梨树以分层开心形为它的生理树型，葡萄稍多些，也是篱架与棚架式树型为主，柑桔则以自然圆头形为主，创新、创意树型极少，但是由于特色果树的实际需求，观光果园的树型营造就需突破这些传统理念，结合园林景观树的造型风格，大胆采用新造型。把它制作成类似于盆景树桩的艺术树型，或者各种各样的规则几何图形，使这些果树的观赏性要大于结果性。要求树木艺术性结果的目的，树型应采取便于游客采摘需要，又具有非常可欣赏性的树形设计。为了满足游客的需要，在技术力量允许的情况下，利用矮化砧果树，把树冠整成形式多样的机械人工形，以点缀园区。在生产上，不要过分追求高额产量，要使树木的造型美、果实个大、色泽好、品质佳，可以引人入胜。为了审美要求，可以把果树的树形整成各种扇形、“U”字形和具有古典美的羽状圆锥形和高杯形等，再现18世纪欧洲的庭院果园和著名的巴黎凡尔赛宫中为路易十四皇帝建造的花园式果园的盛况，使游客们可以感受到皇家果园的奢华。

特色造型的果树应以苹果、梨、樱桃、杏、李等为主，每亩树木的栽植密度为83~444株之间。

第84问 有哪些常用树形和要求?

答： 从造型的简易性与果品的优质性角度出发，观光农庄中的果树通常是以棚架或篱架的架式整枝为主，因为这种模式结合的枝的绑缚引诱技术，树木的整型可以把枝摆布成任何的几何图形，而且把这些树木的枝条引缚在篱棚架上，叶幕厚度变薄，让果树枝叶的光照透风条件得到改善，从而使水果的糖度风味及外观得以优化，能够生产出高品质的水果。把一些原本乔灌木状的果树皆可整成如葡萄的篱棚架模式，而葡萄倒可创新地整成单干独立的树状，给人一种创新反思维的启发。果树在采用篱棚架结合几何图型的造型方式后，病虫害也得以大大减少，抵御大风的能力也大大提高，营养浪费的徒长枝也得以控制，从而使座果率也有所提高，所以这类树型不仅可以使果树树型从美学上得以改善，而且在产量及果实品质上也得以提高，果实采收也更为方便，是一种既符合观光又符合植物结果生理的新型树型。在安排树种时要注意树种的选择和错开茬口，使一年三季树在栽培区中皆有花可赏、有果可采。树木高度以便于游客采摘的高度为宜。

第 85 问　有哪些品种适宜在观光园栽植?

答： 特色品种果树一般树种珍稀，果树树体或果实自身具有较高的观赏性，属于观赏兼食用型品种。适宜在观光园栽植果树主要包括：

1. 枣。

胎里红：树木的枝干为紫红色，新梢萌发的枝、吊头、叶均为紫色，枣吊为红褐色，叶脉紫色，果实卵圆，幼果即为紫红色，以后逐渐变为桃红色，既有特殊的观赏价值，又是鲜食的优良品种。

龙须枣：又名龙爪枣、蟠龙枣。由于果树的枝、干、吊均弯曲下垂，酷似龙爪而得名。果实深红色，圆柱形稍扁。龙爪枣枝干多弯弯曲曲似游龙飞舞，观赏价值较高。

茶壶枣：枣树果实畸形似茶壶，紫红色。

磨盘枣：果实中间有一道沟，紫红色。

磨盘枣

大雪枣：果实扁圆，果面鲜红艳丽，果肉翠绿，细嫩多汁，北京地区 10 月底成熟。

2. 桃。

矮丽红：树体矮小，节间极短的油桃新品种，大型花，花瓣粉红色，花粉多，果实近圆形，着色度 90～100%，艳丽诱人。

7130：寿星桃中的着色系。花朵粉红色，重瓣，果实近圆形，果面黄色。

乐园：矮化油桃品种。果实圆形，成熟时即为红色。较一般桃品种在枝上的挂果时间长，适于观赏。其花粉红色，单瓣，花期 8～10 天，花粉多。

3. 苹果。主要有舞姿、舞美、乙女、大花等品种。

4. 梨。主要有兴矮盆梨 2 号、3 号。

5. 李。主要为太阳李，树木紫梗紫叶，紫红果，果实圆形，品质极佳。

6. 其他适宜品种。

第86问 特色果树有哪些管理特点？

答： 为了使果树能够达到优质、环保的要求，对观光园中的果树果实(如：苹果、梨、桃、葡萄等品种的果实)应进行套袋处理，同时，还可以在苹果、桃、葡萄品种的果实上用不干胶进行贴字处理来提高果品的产值。

第87问 选择观光园区内栽植的园林树木要注意哪些问题？

答： 适宜在观光园区内栽植的园林树木，其防护和美化作用是主导的、基本的，园林生产是次要的、派生的。要防止过分片面强调生产，导致破坏树木，使树木难以发挥其各种主要功能。要处理好二者关系，分清主次，充分发挥特色园林树种种植区的作用。尽量不去选择那些多刺、异味、花粉多、有毒的植物在农庄中栽植。

(1)挖掘、完善。我国不仅园林树种种类和资源丰富，而且广大人民长期引种栽培出了许多优良品种，积累了多方面的宝贵经验，这些都是祖国在园林树木学中的重要遗产，观光园一方面要继承，另一方面还要对散在民间的不见经传的优秀技术和优良品种进行挖掘，并以现代科学技术理论加以阐述提高，使之发扬光大。

(2)旅游开发。优美的园林树木景观，会吸引人们返璞归真回到大自然去享受无穷乐趣，同时还可以在观光园区内搞旅游开发业，为园区的进一步发展提供大量的资金。

(3)生产植物产品。在不影响观光园内树木美化、绿化和防化功能的前提下，可以从特色园林树种生产的植物中创造价值：如桃、杏、李、山楂、核桃、枣等果树可以生产果实；板栗、榆、银杏等可以生产淀粉；多数树木还可以提供木材。

观光园区要发展栽植园林树木，必然需要大量的苗木，特别是需要大量优质的苗木，若能结合绿地设施，在园区内开辟若干苗圃地，则即可以扩大绿地面积，又可以从出售苗木和游客认养苗木中获取一定的经济收入，从中得到一部分园林养护资金。

第二节　特色作物种植区

第 88 问　适宜的农作物有哪些？

答： 农作物种植区主要为农家主粮与杂粮的种植区。杂粮的种植量应大于主粮的种植量，除特色糯玉米外，尽可能不要种植玉米、小麦、水稻等农作物。非要进行这类作物种植时，可采用迷宫式栽植来增加此类作物种植区的趣味性，使游客感受到置身于没有任何外界参照物的丛林中，体会迷路与寻求出路的感觉，形成一种趣味性的仿自然森林游戏。

第 89 问　园区内的农作物应以哪种形式进行种植？

答： 利用玉米与甘蔗生长快的特点，快速建立起植物迷宫，给游人体会其间的乐趣，特别是小孩平常也经常玩走迷宫游戏，更能激发小朋友的游玩兴趣。使人们在游玩中潜移默化地接受植物知识的教育，变成一种很好的娱乐性强的科普教育基地。

特色农作物种植区可以分割成若干小块，每块面积大约有 0.5～1 分地，由游客自己认养耕作，使游客可以在劳动中体验快乐。当然地块内的产出物归游客所有，游客可以自行安排采收。但不允许在农庄内自行销售，以免在农庄内造成不良竞争。同时，需要种植什么以及管理必须遵从观光园的统一管理及技术指导。

在此区内还可以种植彩色甘薯等，其中红色瓤的甘薯中胡萝卜素含量高；紫色甘薯中的花青素含量高；还有一种食用茎尖、叶片的甘薯品种可以选择种植。

另外，在此区内还可以种植花生、黄豆等作物，待作物成熟后除游客自己租种地块的产出外，观光园中的农作物果实可以供游客进行采摘活动，一般每株可收费 3～5 元人民币不等，或将这些农产品向游客出售。

第 90 问　适宜的蔬菜有哪些种类？

答： 蔬菜种植区分为两个区：包括蔬菜、特菜区和野菜区。

(1)蔬菜、特菜区。蔬菜特菜区主要种植名、优、特种蔬菜。这类蔬菜是在一定时间、地域条件下，比较名贵、优质或供特殊需要的菜种。由于这些菜类的产值成倍、甚至几倍的高于一般蔬菜，所以也为生产者带来可观的经济收益，因此，特菜生产已成为高效农业的一个主要类型，也是观光农业增收的一条主要途径。

除此之外还可种植观赏菜类以吸引游客，随着社会经济的发展，蔬菜品种已由传统的餐桌蔬菜发展为现在的观光蔬菜，它的色彩、果型、植株特异，具有较高的观赏价值，颇受人们的喜爱，作为观光园蔬菜品种的搭配应以观赏为重点，现把近年选育的优良观光蔬菜品种介绍如下，常见的观赏菜类有：

(2)观赏茄果类。观赏茄果类中最著名的是观赏辣椒，其品种多样，常见栽培的有辣椒、小米辣椒、五彩椒、灯笼椒、象牙椒、指天椒等。其它品种有非洲红茄、人参果等。

观赏甘蓝类。观赏甘蓝中最常见栽培的为羽衣甘蓝，其它品种还有抱子甘蓝、球茎甘蓝、红孔雀、白孔雀等。

(3)观赏野菜类。观赏蔬菜类的品种很多，许多品种还是近年来开发出的野菜，如东风菜、紫背菜、人仙菜、藤三七、土人参、猫须菜、观音菜；进口品种有红叶牛菜、红君达菜、红菜头等。另外，在生态观光园中食用仙人掌、四棱豆、黄秋葵等近年来也较流行。

第91问 园区内的观赏野菜种植应注意什么？

答： 野菜园建设能让游客了解认识更多的野菜品种，并结合农活体会可让游客找到“采菊东篱下，悠然见南山”的采撷野菜之乐趣为主题。适于我地发展的野菜品种有：马齿苋、灰菜、天绿香、地芙、苋菜、荠菜、蕨菜、水芹菜等。这些野菜以其独特的风味与营养颇受游客的欢迎，可让游客在观光之余，把大自然的赏赐带回家。

野菜生长在自然状态下，其营养成分大多高于栽培蔬菜，特别是维生素和无机盐含量较为突出，有的高出十几倍、几十倍甚至上百倍。同时，野菜的分布范围很广，从东南到西北，从平原到山区，从沿海到沙漠，无论在陆地或是水塘、溪边，近到房前屋后，远至深山老林，凡是有植被的地方均有野菜存在。

观光农业要对这些野菜资源进行开发利用，并要使其上规模，增效益，必须针对目前问题认真解决：

(1)合理开发。加强野生资源保护，特别是对那些濒临灭绝的种类进行有限制地开发，首先要对园区内的野菜种类、分布及蕴藏量作整体的调研，然后再进行宏观地开发。

(2)加强野菜开发力量的投入。加强对野菜的利用管理，在每个野菜品种旁都要插有介绍该品种野菜品名、营养价值、食用方法及禁忌的标示牌。在食堂要有专人指导游客游客食用野菜，避免游客因误食中毒。

另外，还要进行野菜深加工方面的研究，使开发野菜可以进行包装出售，进而上规模、上档次，从而增效益。

(3)驯化培育。由于观光农庄内游客量大，园区内的野菜储备量难以满足游客的取食和农庄生产加工的需要，因此，要加大对野生蔬菜进行人工栽培方面的研究，从人工繁殖和引种驯化上入手，以补充天然生产的不足。

第92问　园区内的药材种植应注意什么？

答： 与相关部门联系，在园区内种植适宜当地气候的中草药材，在每个品种旁都要插有标明药材名称、药用部位、价值和采收时间等注意事项的标识牌，以增加每个游客对中草药的相关知识。

在这个区中要注意种植药用植物的种类要适当多一些，但单个品种的数量不宜太大，药材种植区主要的作用是科普化而非商业化，当然如果能结合餐饮服务，种植一些具有滋补作用的，能够在农庄内形成药膳或饮品的中草药品种则另当别论了，应根据实际需要适当加大种植量。如枸杞、决明子等。

第三节　新奇特品种、新工艺区

第93问　新奇特品种、新工艺区内容主要是什么？

答： 新奇特品种、新工艺种植区主要是在保护地进行。主要包括：(1)草地集约化果树栽培；(2)果树反季节栽培；(3)观赏瓜类栽培；(4)蔬菜特种栽培：无土栽培；水生栽培；气雾生栽培；立体栽培；果、蔬远缘嫁接；根系长廊；芽苗菜栽培；鱼菜共生；(5)南树北引；(6)树桩盆景等内容。

第94问　草地集约化果树栽培怎样进行？

答： 草地集约化栽培是一种适合观光园的果树栽培新模式，采用这样栽培模式可以实现树冠的低矮化，栽培的高密度化，结果性状的早产化，甚至可以当年栽植当年丰产。草地果园制度的推行运用，不仅具有方便采收，提高果实品质的优势，它还可以实现果树反季节栽培，比常规果树反季加温栽培操作更为便利。草地集约化栽培果树的树冠低矮化如普通番茄秧，甚至更小，冬季扣棚容易，加温的能耗也相应减少，草地果树的树体极少，适用于苹果、桃树等，这些树木必须以根域控制的限根栽培为基础，结合适合低矮冠形创造与维持的台刈、环剥等特殊修剪方法来实现。当然生产上也能用盆栽来限根，从而实现高度密植，全树只有1～2个枝组，枝组要不断进行轮回剪除更新，以保持结果枝、预备枝的合适比例，还有低矮迷你化树型的创造更便于老人小孩的采收，同时也方便相关的田间管理。它目前是果树栽培模式的一种创新，具有广泛的生产意义。

草地集约化果树栽培苹果树品种以芭蕾苹果和桃树中早产的品种为宜，采用地下管道输水灌溉，由于属于高度密植，在土地平整的条件下，按10～40株为一畦，按畦灌溉。同时，由于果树集约化栽培的密度大、树木株型小，还可以配置喷灌和滴灌，高级的喷、滴灌装置联机，根据土壤湿度或植物需水状况自动化调节灌溉时间、水量和喷水强度等。

由于苹果、桃树大多属于异花授粉树种，自花结实性不好，要按1/2～1/10的比例配置授粉树。

当前世界上栽植密度最大的草地果树是每亩种植4756株的英国苹果密植园，我们可以按技术能力和实际要求进行栽植。一般栽植密度为每亩栽植888～3335株采用带状栽植或丛状栽植，加快叶幕覆盖，加速成园，对草地集约化果树来说是极为重要的。

第95问 果树反季节栽培的意义有哪些？

答： 果树反季节栽培是观光园中的一大功能模块与主要布局，它可以为游人提供观花、赏花与花合影以及自娱、自采活动的活动场所，可以为客人提供周年可供的新鲜时令型水果产品，也是让市民充分感受到田园风光与生活的重要功能区。它的设计与栽培不仅仅只是考虑果树的季节、产量、品质问题，还需培育出更为优美的树型，更为创新的模式，给游人以更多美学的感受与思维的启发。

第96问 果树反季节栽植应注意哪些问题？

答： 果树反季节栽培可以在普通的日光温室内实施，果树反季节栽培有很好发挥果实成熟期提早的优势，获得较高的经济效益。但在生产中，也有的表现出座果率低、产量少、品质差而造成经济效益不高甚至赔本等不尽如人意的情况。因此，在果树反季节栽培生产中，一定要了解和掌握好以下关键技术环节：

(1)品种选择。品种的好坏及选择正确与否对果树反季节栽培生产的成败起着决定性作用，所以一定要选择适合温室的品种进入温室定植，以免造成不必要的经济损失。一般反季节栽培的果树需具有早熟、早丰、低温需求量少、自花结果率高等性能。

(2)控制冠高。罩膜之前要将果树树冠控制在一定高度之内。一般在树冠与棚膜之间要保持有 70cm 的空间距离，可采用化学与人工相结合的方法进行树高控制。

(3)补光。在连续阴雨(雪)天，较长时间的光照不足会引起叶片黄化，除正常进行揭盖草帘和设反光膜让树体利用阴天的散射光外，还要在温室内挂几个灯泡，白天点亮至晚上盖草帘后再亮 3 个小时左右，这样既可增加温室内光照量，又可增加室内温度。所用灯泡最好为 LED 型发光二极管。

(4)气体。在温室果树生产中，由于其保温设施影响了温室内空气的对流，果树进行光合作用所消耗的二氧化碳很难得到补充，而影响果实的正常发育。一般可采取措施补充温室内二氧化碳的不足。

(5)人工授粉。温室果树进入花期之时，因为室内没有昆虫，也不通风，所以必须搞好人工辅助授粉，用不同品种的花粉进行人工点授，才能保证其座果率。

(6)摘叶。为了促进果实着色，有时也在采前 10 天左右摘取果实周围 3～4 片遮光的叶片。

第 97 问　观赏瓜类栽培应以哪种形式出现？

答： 随着观光农业的发展，瓜类品种已由传统的餐桌蔬菜发展为现在的观赏蔬菜种类，它的色彩、果型特异，而且具有较高的观赏价值，颇受人们的喜爱，作为观赏瓜类品种的搭配应以观赏为重点，现把近年选育的优良瓜类品种介绍如下：

(1)巨型南瓜。巨型南瓜是新开发的巨大型南瓜品种，瓜实呈磨盘型，单瓜重多在 100kg 以上，主要是用生产南瓜粉，但如果在瓜上进行刻字、刻画的话，那么南瓜果实的利用价值就会由单一的食品材料转化为高档厅堂的摆件，其经济价值会增加几十倍甚至上百倍。

刻字后的巨型南瓜

巨型南瓜多采用倾斜式棚架栽植，呈南高北低走势，北部立柱高1.5m左右，南部立柱高3.5m左右，这样有利于瓜秧向阳生长，南瓜采用在育苗室内盆栽育苗，秧苗长至30cm后栽入种植区，当南瓜苗长至1.5~2m以上时，采用压蔓处理，这样可以增加瓜秧上不定根的抽生，增加瓜秧的营养吸收面积。南瓜长至50kg左右时，即可在南瓜上刻绘各种图案为南瓜添彩，增加南瓜的观赏性。可采用锋利的针钉刺字或用刻刀刻画的方法进行操作，此时是南瓜迅速生长增重期，利于它的伤口愈合。

(2)其他异形观赏瓜。观赏瓜类中以观赏南瓜品种最多，如金童南瓜、玉女南瓜、东升南瓜、大吉南瓜、仙菇南瓜、佛手南瓜等。其它观赏瓜类还有观赏蛇瓜、观赏佛手瓜，观赏老鼠瓜、观赏小葫芦、观赏长柄葫芦等。

这些瓜秧可先经过育苗室内花盆育苗后再行栽植，这些瓜秧多采用平架式或棚架式栽植，棚架高6m，跨度5m，瓜秧间距30~50cm，用竹竿及草绳绑缚上引，为解决瓜秧下部光秃问题，园区另育瓜苗在棚架下部进行栽植补绿，每隔3~4天瓜秧浇施金娃娃可湿性肥料与金旺钾肥混合肥一次，浇施后灌水，一天后松土。每天有专职工作人员负责剪除棚上的的枯枝败叶，并集中收集处理，每隔4m设一根直径为12cm的厚壁钢管立柱，长廊内采用捕虫灯捕虫，每隔3~4天，由专人在距瓜秧根茎15cm外进行翻松土壤。

棚架的立柱

棚架内的捕虫系统

还可以用骨架进行观赏瓜类盆玩栽植。采用嫁接技术将不同类型的观赏瓜类嫁接在一起，使之成为可以一秧接多种瓜的奇异盆景。

为了弥补观赏瓜区内所结瓜果数量不足的缺陷，可以在瓜棚架上用网兜悬挂老瓜的方法进行布景处理。

瓜架的补瓜兜

(3)葫芦烙画。葫芦是我国人民喜闻乐见的吉祥物品，是“福”、“禄”的谐音，很多的人都愿意在家中摆放葫芦摆件或挂件。常见栽植的葫芦品种有观赏小葫芦、观赏长柄葫芦等。

葫芦的观光栽培可广泛收集各地野生品种、栽培品种以及观赏品种。不必追求一个品种在产量和食用品质方面的优势，在于其观赏性的体现，一般以追求品种的多样化为栽培目标。

不同的品种适应环境的能力有所不同，大多数品种都能适应温室环境中生长，高温干燥环境容易引起病毒病，多年连作栽培根际病害会加重。因此，连续进行观光栽培需要每年进行局部换土或采用无土栽培技术，尤其是温室栽培没有季节限制，为了实现周年稳定的观光效果，采用无土栽培是降低风险的措施之一，尤其是采用单株容器栽培，能有效避免根际病害的传播。

葫芦烙画是提高葫芦产值的重要手段之一。葫芦烙画有两种方法：一是利用模具挤压烙印的方法制成在葫芦果实体表有阴文或阳文图样的艺术葫芦；二是在葫芦充分成熟、干燥后，用烙铁依据画作的墨色深浅在葫芦上烙烫出画作，然后用清漆罩面，使之光滑、洁净。增加其观赏保存时间。

(4)牵引直立式栽培。一些可鲜食的品种如西瓜、白兰瓜、黄瓜等品种，可以采用纤维塑料绳进行牵引直立式栽培，地面铺设反光膜。这样可以减少地面水分含量，可以使果实受光均匀，改善果实的口感和增加果实的营养价值。注意要及时摘除、清理植株上的病变叶片和衰老的叶片，改善透光通风条件。

牵引直立式栽培的红小玉西瓜

第98问 果蔬特种种植模式有哪些?

答： 这里所说的果、蔬特种栽培是指适宜果、蔬栽培的新工艺。包括：无土栽培、水生栽培、气雾生栽培、立体栽培、芽菜栽培、鱼菜共生、果蔬远缘嫁接、根系长廊等多种栽培模式。

第99问 什么是无土栽培?

答： 无土栽培为新型的果、蔬种植模式，就是不用土壤栽培果、蔬，而是用基质栽培护根，适于茄科、瓜类、草莓等多种果、蔬品种。

第100问 无土栽培的技术要点有哪些?

答： 无土栽培使用的基质有炉渣、草炭、沙子、锯末、炭化稻壳、蛭石、珍珠岩等，可以单用，也可以2~3种混用。

无土栽培的育苗，多在海绵块中进行，也有在花盆中进行的。当秧苗长出4~5片真叶时将其移入种植槽中，种植槽多为塑料槽或泡沫槽，槽长100~150cm，宽30cm，高20~25cm，槽的侧边底部设有排水孔，孔的直径多为

1.5～2cm，一般每侧2～3个排水孔不等，槽下铺一层下黑上灰的双色膜，进行反光和增加地温，并防止植物根系下扎进入土层。

无土栽培

果、蔬植株采用吊绳牵引式直立栽培，栽植株行距20～30cm，双行，窄行距为40～50cm，宽行距1.5m左右，以能通过果蔬采摘作业车为宜。

瓜类温室的上限温度为27.3℃，棚顶每隔10m设通长通风口，共四排。北侧的水帘进行降温处理，同时，排风窗打开。

宽行间距及果蔬采收作业车

日常管理要及时摘除植株上的黄、老、干、病、蔫叶片，以免影响植株的采光或引起植株得病。

第101问　什么是水生栽培？

答： 蔬菜的水培模式较多，NFT模式是一种栽培叶菜类较好的模式，它也叫营养液膜技术，M式水耕的深液流优势可以适合于叶菜以外的茄果与瓜果栽培，可以种植株型较大的果、蔬植物。

第102问　如何进行浮板栽培？

答： 栽植果、蔬的浮板为宽100～120cm，长200cm，厚1～1.5cm的聚苯板，板上按30×40～50cm的株行距打直径为1.5～2cm的定植孔，然后将果、蔬的苗用海绵固定在浮板上放于种植槽内即可。

第103问　水生植物栽培的关键技术是什么？

答： 循环系统是水生栽培技术的关键，它的设计主要是为了让水中能溶入更多的氧气，所以每部分的构建都要以有利于提高溶氧为出发点。营养液循环由管道及动力泵组成，循环的方式主要采用以射流或瀑布流的营养液注入法，回流处则以高位回流的方式跌落入池，使营养液与空气间有更充分的

水培蔬菜

接触，以促进氧气的溶入。但当前较为先进的混入空气方法是在营养液输送管道上再安装空气混入器或者气液混合泵以实现超细微氧气或空气的溶入，往往可以达到超饱和氧值，使蔬菜作物的生长更快，有些品种可以达到数倍的提高率，这也是M式水耕发挥更高生产效率的关键所在。

第104问 气雾生栽培的主要设施有哪几部分组成？

答： 气雾生栽培设施主要由三部分组成，包括避光系统、雾化供液系统、计算机控制系统。其中避光系统起到保持根系环境黑暗而不受光氧化的影响，这也是植物根系长期进化的结果，需要在黑暗的环境下才能正常生长，一切光环境都会加快根系的褐化与木质化，因为光是一种能量，在光照射下，根系在获取光子的过程中被氧化，光照强还会使植物的根系受损和老化，所以气雾栽培中遮光环境的创造是成功的关键环节，创造黑暗的环境让根系在黑暗环境下长期保持洁白而充满活力的状态，当然自然色素多的品种根系一般带点自然色，未必就是洁白透明色。气雾的任何一个系统构建，根系生长空间都是要求以黑暗为好。

第105问 气雾生栽培的技术要点有哪些？

答： 一些观光园为了实现观根效果的系统除外，但在根系区域内也不能有光的直射，否则根系很易光氧化而老化，甚至烂根死亡。遮光系统有利用黑白膜包缚根域空间的方法，也有利用泡沫板密封遮光，主要就是防止光的直接照射，特别是紫外线对根的杀伤。雾化系统也是任何一个雾化栽培系统中所必不可少，而且是最为重要的部分。雾化质量直接影响到植物的生长发育，创造微细雾滴与均匀供雾无死角是技术的关键，它主要由营养液加压部分如水泵、压力罐、空气压缩机及管道等构成，管道可因不同的供液系统选择不同的管道，以水泵及压力罐为动力的只需选用普通的PVC管或塑料软管即可，如果是强压的气动雾化动力系统的就需配备铜管作为输液管，以防压力过大暴裂管道或冲破喷头。喷头的选择也有多种类型一般以雾化较好的离心式喷头或者旋转式喷头为多，也可选用雾化程度极细的金属制质的喷头。喷头安装的距离与管道的密度一般以空间全面雾化不留死角为标准。计算机控制部分，主要作用是创造气雾栽培适宜的外环境生长因子，与根域的内环境生长因子，通过计算机的智能化调控实现生长因子的最优化，包括外环境的温、光、气、热、营养等因子，还有根域内环境的水份、湿度、温度等因子，只有采用智能计算机的自动化调节控制才可以实现在几乎没有任何缓冲性的气雾环境下栽培植物，它是气雾栽培能否种植成功的最为关健部分，所以开发精准度高的计算机硬件与软件系统，是实现气雾栽培取得良好效果的重要技术。特别是弥雾系统的控制是植物生长的基础保障，其它因子稍有偏差不会造成致命性的损害，但是如果气雾根域环境出现故障，就会在很快的时间内发生植物萎蔫失水或死亡，这是气雾栽培过程中特别要注意的管理环节，需经常性检查计算机的控制运行情况，如果在遇到停电期间要及时启动发电机供电，确保植物根系不失水。

第 106 问 气雾生栽培有哪几种方式？

答： 气雾生栽培主要有苗床式、立桶式、金字塔式、管道式等栽培模式。

第 107 问 哪些叶菜类适宜气雾生栽培？

答： 叶菜包括：青菜、菠菜、空心菜、油麦菜、生菜、莴苣，以及各种叶用的野菜。用于叶菜栽培的通常选择空间利用率高的塔型、拱型、柱型，而且这些造型都便于人们的直接操作与田间的走动管理，又具有良好的通风透光性，是叶菜类气雾化栽培的最佳模式。

第 108 问 适宜气雾生栽培的果菜种类有哪些？

答： 瓜果类的气雾栽培在生产及观光农业的开发上意义重大，特别是观光农业，可以利用植株的巨大化发挥来达到吸引游客的目的。比如番茄采用气雾培后，每亩种植株数由原来上千株减少为 20 ~ 30 株，它的单株占地面积至少 20 ~ 40m^2 以上，株产可达上百逾千斤，成熟时极为壮观，可作为观光园的番茄树或番茄林栽培，是当前番茄观光自采园建设的必然选择。另外如瓜类的西瓜及甜瓜类也一样，比如小西瓜株产也可结上百个瓜，网纹甜瓜可达 88 个，小黄瓜就更加令人震奋，株结瓜数可达 3000 根以上，这种因栽培模式创新而产生的植株巨大化，瓜果数量的超常规发育，是常规方法所难以实现的，也是气雾培将成为观光农业建设主要项目的原因所在，它总是能让普通的品种产生超常的效应。

第 109 问 如何进行气雾生栽培果菜的病虫防治工作？

答： 气雾栽培是一种隔离了土壤的洁净化栽培模式，在这样的环境下本身的病虫基数就少，再加上所创造的人工环境也不利于病虫的滋生，所以病虫危害的机率也就大大降低，只要管理得当，并且严格遵循操作流程进行，就可以做到真正的免农药栽培，生产出符合健康的安全食品。防重于治一直是农业病虫害防治的策略，一旦滋生蔓延要根治就难以奏效了，所以在气雾栽培的过程中，除了做好大棚外围的防虫网隔离措施外，最好于每批菜或瓜果收获后进行一次全面的清理与消毒，以保持环境的清洁，如果再结合如黄色粘虫板或黑光灯诱杀等物理防虫治病技术，就可以做到免农药生产的最高要求。

第110问 什么是立体管道栽培?

答： 立体管道栽培不受平面布局的局限，具有最大化的开发空间。它是一种液流技术、漂浮栽培技术、水气混合技术、高架设栽培床技术结合的复合式水耕模式。

蔬菜立体栽培支架模式

管道式栽培

叠螺式栽植

第 111 问 立体栽培的技术要点有哪些？

答： 在构建栽培系统时，需注意的是：

1. 管道不宜过长，否则会出现因养液循环供给不匀而导致末端蔬菜出现生长欠佳不整齐现象，主要是养液循环量少，缓冲稳定性没有深液流养液量大那般稳定。一般以每道种植管 7.5m 长为佳，最长不宜超过 10～15m。

2. 选择的管道材料也应该是无毒材料所制造的自来水管和给水管材，否则会因化学污染残留而影响蔬菜之品质。

3. 铺设管道系统以进水端稍高，排水末端稍低的滑坡方式为好，一般以坡降 8/1000 较适宜，布设管道要求整齐有致，行距均匀，有利于生产操作管理，栽培的孔距可因蔬菜的株型大小而定，一般按 15～20cm 距离进行打孔，打孔可选择口径为 5cm 的电动打孔器进行高效制作。

4. 管道铺设方向应正中走道为中心点，向棚两侧方向整齐铺设为佳，中间走道宽留足 80～100cm，以便操作管理，排布两侧的管道长以 3.5m 较为适合，管距一般以 25～30cm 作为叶菜类的最佳距离，株距一般以 15～20cm 为适，进行管道排列布设时，做到整齐，以利于蔬菜的通风，而且水平高度以进液管稍高较利于营养液的回流循环。

进液设计

排液回流设计

5. 如果在联栋温室中铺设 NFT 管道系统，则以每栋的横向走势作为铺设的方向，只需于一侧留足走道空间即可，整齐顺着坡降走势整齐排列长为 7.5m 的管道即可。

第 112 问 什么是蔬菜树式栽培？

答： 也叫蔬菜单株高产栽培，是把具有无限生长特性的直立和蔓生草本蔬菜进行单株“树形化”或“巨型化”培育，以主攻植株冠幅面积、单株高产和延长生长结果周期为努力目标，是一种纯观光、科普型的栽培模式。

第 113 问　哪些品种适宜蔬菜树式栽培？

答： 最近几年，在全国各地成功实现的番茄、茄子、辣椒、甜椒、黄瓜、甜瓜、西瓜、南瓜、葫芦、冬瓜、蛇瓜、佛手瓜等茄科、葫芦科蔬菜的树式栽培，这些蔬菜树的单株冠幅均能达到 25 ㎡以上，最大的可达 120 ㎡左右。此外，还成功培育出单株面积 160 ㎡的巨型红薯树。

第 114 问　进行蔬菜树式栽培要注意哪些问题？

答： 1. 蔬菜树式栽培，首先是培育蔬菜植株的个体，使营养体不断壮大，把株型培育成“树形”；其次，要努力实现植株多结果和周年均衡生长；再次是要尽可能延长生长结果的周期，追求株型的最大化。可根据品种和观赏的需要制作不同造型的支架，并实行单株分体布置。如制成“喇叭口状、平面圆形、平面梅花型”等，使蔬菜树的观赏性有所提高。

2. 培育蔬菜树的瓜果品种，应选择生长势强盛、抗逆性强、连续开花、座果性能好、果实外观漂亮、成熟后观赏和保存期长的品种。番茄类一般可以考虑选择中等果型或小果型的硬果品种，单穗结果在 5 个以上，果实大小均匀。黄瓜可以选择短小瓜形的无刺欧洲型品种，要求分枝能力强、抗病性好。茄子、辣椒等选择植株叶片宽大、节间较长、结果性好的品种。西瓜、甜瓜则选择小果形、长势旺的品种。冬瓜选择黑皮、粉皮的广东品种。蛇瓜、瓠子选择瓜形细长的品种。红薯应选择地区生态型的红皮或白皮的中小薯形品种。

3. 蔬菜树的支架材料可以用钢架结构加钢丝网、绳网制作，也可用小的竹木资材编制而成。支架承载植物枝叶和果实的最大荷载以 25kg/m^2 设计。主体骨架可以依附于温室立柱上，或悬挂于温室横梁上，如果温室难以承载负荷，应考虑另立支柱支撑。

第 115 问　在农庄中规划芽菜栽培区的意义是什么？

答： 芽苗菜生产不仅可以在农庄中向游客展示新型的蔬菜生产技术，而且由于芽苗菜以幼嫩的芽苗为产品，其组织柔嫩、含水分高、尤其是收割后的产品，极易萎蔫脱水，而产品本身又要求保持较高的档次，因此采收切割后能及时供应生态餐厅食品材料源，而且可以及时进行包装，能够保证产品鲜活程度，并延长货架期。成为农庄特菜销售的一个亮点。切割采收后进行小包装的产品应尽快送至自选市场、超市等消费地点，尽量缩短和简化产品运输等流通的时间和环节。

第 116 问 哪些品种适宜做芽菜栽培?

表 4.1 适宜芽苗菜生产品种及种子发芽所需浸种时间及相对吸水量

品种	浸种时间(小时)	相对吸水量(%)
豌豆	24	90.58
黄豆	24	120.64
红小豆	24	72.10
绿豆	24	103.03
蚕豆	24	110.21
花生	24	51.10
苜蓿	6	101.60
萝卜	2	65.49
黄芥	2	60.27
芥蓝	2	57.17
香椿	24	120.20
荞麦	24	60.77
向日葵	8	86.84
芝麻	8	53.62
蕹菜	36	107.68

浸种温度为 20 摄氏度。

第 117 问 生产芽菜栽培要注意哪些问题?

答： 1. 种子浸种前进行电场处理或者电功能水消毒处理。

2. 在浸种前需进行种子清洗与选种，经过清选的种子便可进入浸种。

3. 播种就是把浸胀的种子均匀地撒播在托盘上，依照冬季可适当厚播，夏季浅播的原则，以种子覆盖底部 1～3 层为准。

4. 切割采收后进行小包装的产品应尽快送至自选市场、超市等消费地点，尽量缩短和简化产品运输等流通的时间和环节。小包装上市最好在采后冷冻系统比较完善的条件下采用，否则应采用以整盘活体销售为主的营销方法。各种芽菜产品的收获，不管是切割采收、小包装上市，还是整盘活体销售上市，均应达到所规定的上市标准。

第 118 问　什么是鱼菜共生？

答： 鱼菜共生技术是一项涉及到微生物、植物、鱼三者共营共生的技术，利用三者间的生态关系实现能量物质间的可循环可持续动态发展，达到一种仿自然生态而胜于自然生态的人工系统，在建立这样的系统时要考虑到三者之间生物种类及生物量的比例，从而达到一种最佳的生态组合。

鱼菜共生系统只要掌握生态平衡关系及操作的环节，就可轻松地实现城市养殖，旱区的节水养殖及蔬菜的栽培，还可完全实现可循环节能型的有机耕作，是未来农业发展的一大趋势，更是生态农业及观光、旅游、休闲、科普、教育农业的主体，具有广阔的前景与意义，是人类与自然斗争过程中和谐发展的经典农业模式。

第 119 问　发展鱼菜共生要注意哪些技术环节？

答： 发展鱼菜共生要注意以下技术环节：

1. 为了使三者间都有一个良好的互生环境，硬件设施的建设是基础，软件的调控是关键，物种的选择是达到成功共生的重要环节。在生产上可以根据上述原则去构建相关的设施、设备和鱼种选择、微生物的培养。

2. 确定种养殖的面积与比例，种养殖的面积与比例关系到物种间的生态平衡关系，也就是物质能量循环利用的最佳比例，适合的比例是系统成功运行的关键，比如，多少鱼排出的粪便能为多少菜提供养分，什么微生物种类的培育能够对水质净化产生最佳的生态效果，这些是三者间共生关系建立的前提，也是该系统最为核心的技术基础。

3. 养殖池的水质环境与溶氧环境是实现鱼菜共生高密度养殖的关键，通过上述系统的科学构建，利用微生物技术实现对鱼有危害的氨氮能够及时硝化，以及大量有机物的矿化分解，保持水体正常的有机物与氨氮指标，是净化水质实现循环养殖的重要环节。

4. 蔬菜的栽培也是极为重要的部分。培育根系发达，处理能力强的蔬菜瓜果植株，是实现有机物及矿质转化的关键环节，利用果、蔬根系发达与庞大的吸收表面积，进行水质的净化处理，所以菜果植物的栽培技术也是成功养殖的主要技术流程。一般在鱼投放入池前，就要提前分批种下各种蔬菜瓜果或其它植物，以保证系统运行后，就具有处理水质的功能。

5. 投放的密度，一般鲤鱼为 80 ~ 100 尾/立方米水，罗非鱼为 200 ~ 300 尾/立方米水，因罗非鱼更耐缺氧环境。饲料的添加做到少喂多餐，以鱼总体重的3～5%投放饵料，每周测量一下单尾重来计算总重量，再推测出每周每天投喂量，投喂的饲料以浮料为好，可以减少底部的沉渣，有利于保持水质。在养殖过程中，只在定期投料，定期换水，就可保持系统的生态平衡，无需向水体中加入抗生素及鱼病防治的化学药品，利用微生物及植物根系排泄的抗生素与酵素就可提高抗病性也防治鱼病的发生，这是一个完美的生态平衡系统，不要轻易地向系统投入化学药品，否则会打破原有的平衡关系。一般每天向池中注入1～10%的新水即可，这是用于补充蔬菜蒸发及鱼体消耗的用水，可以做到最大的节水化养殖。

第120问 果蔬远缘嫁接有哪些意义?

答： 远缘嫁接是把一些外观、株型、果实或其他生物特性相差较远的植物通过嫁接技术，组合在同一植株上，达到一种令人费解的组合效果，从而激发人们的好奇心，引发观光乐趣。从专业角度来说就是不同属不同种甚至是不同科的植物间进行嫁接而获成功的无性植株，再通过栽培而达到了离奇的观光效果。如一株树上结不同的果实，有不同颜色的、不同果型的、不同口味的、不同品种的，甚至一些亲缘较远的瓜果都可长于同一树上，比如在番茄上长出茄子与辣椒，又长出木本的枸杞；还有在一株树上又长苹果又长梨，同时还结着枇杷；当然一些亲缘较近些的植物采用嫁接就更易实现了，比如一株桃树上，有桃有李又有杏，还可以接上樱桃；瓜类就更多了，南瓜树上可结西瓜、黄瓜、甜瓜等，这些瓜果类的组合嫁接所达到的观光效果是非常吸引游客的，它可以让人认识植物的种属关系与亲缘关系，从中也可以了解更多的嫁接技术与植物知识，用于中小学生的科普较为适合。

第121问 果蔬远缘嫁接的范例有哪些?

答： 这些嫁接在当前的国内外已有许多地方实现了并在运用着，以下着重给大家介绍两种平常较少见到的嫁接组合，它们就是马铃薯—番茄与青菜—萝卜、还有萝卜—甘蓝。马铃薯、番茄、辣椒、茄子等皆属于同一个科，就是茄科，但是它们分属于不同的种属，它们间的嫁接可以称为远缘嫁接。而萝卜与青菜皆属十字花科，它们也是同科但不同属，这些组合嫁接并不是技术上特别难，而是因为它在传统农业生产上不具生产价值与经济意义，所以一直没被生产重视，只是用于一些无性的蒙导育种上，可是观光农业的意义发生了传统观念的改变后，农业生产的功能变为多元化的观光、科普教育等功能后，这种看似简单的嫁接技术也重新受到重视，并进行了观光项目的开发，还是别有一番情趣的。

第 122 问　果蔬远缘嫁接要注意什么？

答： 这种远缘嫁接组合技术的实现并没有多大的技术难度，只需按照以下的技术操作实施就可以实现。首先培养砧木与接穗，它是基础，也是影响成活率的关键。选择抗病性好生长健壮的马铃薯品种的种薯提前于番茄 10 天左右催芽下种，保持适合的基质湿度与温度，让其快速萌芽，等到生长至基生干茎 0.5cm 时就可以实施嫁接。而接穗番茄的播种育苗要等到长出三到五片真叶时，方可取枝嫁接，嫁接一般采用锋利的剃须刀为好，运用劈接法进行嫁接组合，于砧木切口中心纵切 1～2cm 深的光滑接口，再把切削成双面楔形的番茄接穗插入马铃薯砧的切口，并用蔬菜嫁接夹固定即可，通常情况下，半个月左右就可愈合伤口进行移栽。同样，青菜萝卜或甘蓝也可以采用劈接法实现，这两种植物具有相似的生长特性与速度，可以同时播入育苗床，等到子叶展开真叶初露时就可以采用上述同样的方法进行嫁接，等愈合后移栽。通常用于观光园建设的远缘嫁接苗，都推荐使用透明玻璃造的槽式气雾法栽培，这样可以达到便于观察与游人观赏的效果，可以同时看到地下的马铃薯块茎与萝卜之根茎，又可以看到地下的青菜与番茄，给人产生震撼的新奇的观光效果。特别是马铃薯番茄，可以实现地下块茎与地上水果的双层采收，这种乐趣与神奇是可以吸引众多游客的，在你的观光园中可以专门设计规划建设远缘共生园区。

第 123 问　为什么要在观光园中规划根系长廊？

答： 植物的地上世界人们司空见惯，而地下完整的根系世界却少有人知也少有研究，随着科技的不断发展，地下根系的研究已成为科研的热点，地下世界的展示更成为人们读懂植物生长发育规律不可缺少的一大重要部分。在观光园区利用气雾栽培技术建立一个地下根系观光园，可以说是一大创举，一大令人惊奇与赞叹的项目。让人对植物的潜能与神秘有新的了解与感受，更让游人明确自己潜能的巨大，与激发积极向上的人生观与心态，是集教育科普及观光为一体的好项目。

第 124 问　如何营建根系长廊？

答： 设计这种地下采收的模式，当然需要结合高架设的气雾栽培法，可以是高塔形栽培，或者是高拱型种植，最早美国为了能在失重的太空站上实施栽培开发了一种设施要求最为简单的气囊模式，就是用骨架构成根系空间用绷紧的篷布作为栽培支撑体，可以立体化栽培各种蔬菜与植物，而根据这种模式改进的拱棚方式就更为简单了，它是适合我国农村生产的最简易方法，普通农民就可投资生产。棚架采用直径 8cm 左右的镀锌厚壁钢管焊接而成，顶棚呈“凸”型设计，用厚壁的 PVC 管做支撑架，以塑料槽或泡沫槽为植物种植槽，用塑料压膜线或电话线将种植槽固定于支撑架及棚架上，高秆植物用多层网格固定防止倒伏，各品种分段种植，植物的根系与地下果实悬于气雾的空中，以便于在长廊内识别。为了增加根系长廊的趣味性和神秘性，可以将溶洞内的钟乳石景观人工复制过来与植物根系相结合，并且于根系空间内安装二极管灯作为照明，让根系世界有更好的光照度，可利用光学手段将根系长廊搞光怪陆离，但要注意不要把根系长廊弄得阴森恐怖。还可以在长廊两边侧壁上仿生式地复制出蚁穴、老鼠洞等模拟景观，向游客展示蚂蚁、老鼠的地下生活场景，使人们借此可以了解蚂蚁、老鼠等动物的地下生活方式。

模拟蚂蚁生活的蚂蚁王国

具体的建造方法为作床建拱。在田块平整交通方便水电具备的地方皆可建立气雾生产基地，如果是农田施工改造则更为简易，只需按行向挖好具有一定比降的两条排水沟，沟与沟的距离为 1～1.2m，沟宽为 30cm 左右，深为 15～20cm，然后在宽为 1～1.2m 的栽培床上铺地膜，以防漏水，这样就形成了W形的床底，两边的深沟作为气雾培营养液的回流沟，中间高的部分就形成了龟背状以防积水，这样沟间距的部分，就可作为铺设雾化喷带所用，再于床上搭扣高度为4～4.2m的高拱，就形成了拱型的骨架，拱杆间距一般以50cm为准，然后再于拱顶纵联一根使整个拱架形成整体，这样才更为牢固与承载更高的重量。

第125问　在观光农庄中进行南树北引的意义是什么？

答： 在树木落叶后，灰蒙蒙的枝干使本来萧瑟的北方更加单调。据专家预测，今后彩叶、彩干、常绿阔叶树种的用量应该占到整个绿化苗木总量的60%以上，国内园林绿化市场将从单纯的"绿化"迅速转向"彩化、美化、香化、净化"，彩叶、彩干、常绿阔叶树种势必成为园林景观配置中不可缺少的重要元素。因此，彩叶、彩干、常绿阔叶树种的市场缺口巨大，在我国尤其是北方有着巨大的发展潜力。

根据上述情况观光园可以将拟引进的树木品种定为彩叶、彩干、常绿阔叶树种，配合植物快繁技术可以以低成本的资金投入，以最快的繁殖速度繁殖出大量的优质苗木占领市场。

第126问　露地南树北引的适宜树种有哪些？

答： 适宜引进驯化树种(以京津唐地区为例)有：洒金柏，火棘，构骨，白桦，枇杷，阔叶十大功劳，红叶石楠等。

阔叶十大功劳：常绿灌木，高达4m。根、茎断面黄色、味苦。羽状复叶互生，长30～40cm叶柄基部扁宽抱茎；小叶7～15，厚革质，广卵形至卵状椭圆形，长3～14cm，宽2～8cm，先端渐尖成刺齿，边缘反卷，每侧有2～7枚大刺齿。总状花序粗壮，丛生于枝顶；苞片小，密生；萼片9，3轮，花瓣6，淡黄色，先端2浅裂，近基部内面有2密腺；雄蕊6；子房上位，1室。浆果卵圆形，熟时蓝黑色，有白粉。花期7～10月，果期10～11月。城市的公园常作观赏植物栽培，本种在南京地区不结果，通常采用无性繁殖；分布于四川、湖北和浙江等省。

阔叶十大功劳

枇杷

枇杷在北京某小区的效果(该树木高2.5m左右，枝干粗1.5cm，两个分枝。)

枇杷：蔷薇科枇杷属常绿小乔木，在大丰枇杷基地因为气候原因通常叶子比其它地区绿些，树皮灰褐色粗糙，小枝、叶背及花絮均密被锈色绒毛。叶粗大革质，常为倒披针状椭圆形。花白色，芳香，10~12月开花，竖年初夏果熟，果近球形或梨形，黄色或橙黄色。

第127问 露地南树北引要注意什么？

答： 露地南树北引、树木快繁生产是观光园树木种植区由采购生产逐步向自引、自繁、自销生产过渡的关键，主要采用“一叶一芽快繁技术进行繁殖”，要经常与农科院、林科所等相关单位保持联系，努力与这些单位形成良好的合作伙伴关系，争取在第一时间掌握园林树木品种方面的资料，引进扩繁。

对非紧俏的树种原则上以外购为主，引进树木以胸径7~8cm的苗木为主，这些苗木在苗木基地养殖时，要注意苗木成活后即开始优越的肥水供应，在2~3年后即可达到10cm以上；紧俏树种外购后再在圃内进行驯化，风险大的树种由基地自引自繁，注意苗木原产地与拟引入地区的气候条件区别，尤其做好苗木越冬管理工作，确保引种的苗木成活并逐步适应本地的气候条件。所繁育的苗木拟采用以“基地+农户”的生产模式，采用代养的方式进行生产推动。在苗木长至20~30cm后，进行分发代养或销售，力争将自己所生产的苗木进行商标注册，以便尽快打开市场。

另外，准备引进的树木均具有以下几个特点：

1. 品种新。总的说来，这些树的引进还处在起步阶段，从而具有较强大的发展后劲。

2. 栽培技术容易。这些苗木的扦插苗成活的核心技术已经解决(快繁苗木还需要一定的技术培训才能保证)，因此能在短期内形成生产规模，满足园林用苗日益高涨的需求。

这些树木品种的生物学的外在表现，迎合了我国园林用苗的发展趋势，体现了园林发展的新潮流，决定了它们在应用上的多样性，并有可能帮助提升这些树木品种在整个园林用苗中的地位。

第 128 问 温室内南树北引的适宜树种有哪些?

答： 温室内南树北引分为热带花卉和热带果树两种方式，需在智能温室内进行。

(1)热带花园。这里主要分为三部分：①热带雨林：占整个温室的 1/2，这里种植着几十种室内大型花卉，配备有小桥流水、假山瀑布、鱼儿畅游，呈现亚热带南国风光，主要有蒲葵、佛肚竹、橡皮树、千年树、海枣、铁树、凤尾竹、春芋、变叶木、香蕉、榕树、酒瓶兰等。②沙漠植物区：主要有仙

热带花园温室外形

人树、麒麟掌、虎头掌、金琥等沙漠植物，这些植物肉质多浆，大多树体高大，傲然挺立，占这座温室的1/4。③温室内的其他部位即为室内花卉销售区，主要销售各类室内花卉，主要有大花蕙兰、富贵竹、海棠、榕树盆景等。

热带花园中花卉的花盆痕迹

热带花卉温室内供游人行走的小游路

(2)热带果园。这里一年四季可以看到几十种相隔万里的南方热带果树和北方果树反季节开花结果。这个温室宽50m，暖气间隔1m，拱棚顶，无滴膜顶，未见透风设施，有补光灯，每6—7m设置一组，共计6排补光灯组，每排4组。温室中部有一组增温暖气片，间距3m。温室控制温度为31℃。

四季果园的补光灯

(3)热带果树区。包括蛋黄果、龙眼、芭蕉、枇杷、菠萝蜜、芒果、莲雾果、杨桃、火龙果、无花果、巴乐、黄皮、百香果、红果仔、柚子、沙田柚、荔枝等十七种果树，这些果树均直接栽植于北方普通的土地中，每个单株间由一个高约5cm的土埂分隔围挡采用地上式软管浇水，这些树木大多数可采取半环剥或环割处理，并进行强修剪，这些树木距棚顶有2~2.5m的间距。

热带果树的促果处理

热带果树的浇水浅穴

第 129 问 温室内南树北引要注意什么?

答： 温室内南树北引要注意以下几点：

1. 注意热带花卉温室的建造规格。热带花卉温室宽 40m，高 6m，平均间隔 4m 设置排风扇一个，风扇直径 1m，位于温室的南侧，温室四周为单层阳光板，每隔 10m 设通常暖气片，暖气片间距 3m 温室四周每间隔 1.5m 设暖气片一组，每组 20 片，温室北面为通体水帘，水帘高约 1.5m，温室两侧及顶部的遮荫物不揭开，温室顶部每隔 4m 设透气天窗一组，双面，脊顶顶部，单层无滴膜封顶。

2. 温度管理。温室上限温度 28.4℃，正常温度 26.6℃。

3. 热带雨林和沙漠植物均须进行地形处理，还可以将花盆直接埋入土中，这样做地型处理的好处有以下几点：(1)可以减少因脱盆对花卉的损伤，提高花卉的成活率。(2)因花卉在栽植时没有脱盆，所以失水的几率几乎为零，加之这里的花卉多为南方花卉，极易形成不定根，在增强抗逆性的同时不会影响成活。(3)花卉周围因为有花盆支撑，游人行走时不会对树木根系产生压实现象，影响土壤的透气性。同时为了防止游人乱走踏实花卉根下土壤，在此区需专门设置小游路来组织游人行走。

4. 在此区要配备有内遮阳设备。

5. 栽植时要注意在直射光附近可配置需光量大的植物种类，甚至少量观花种类；在漫散射光的东、西部位夏季需要适当遮荫，冬季可补充室内光照，可配置橡皮树、苏铁等半阴性树；中度光线的北侧，可配置耐荫的蕨类植物等。

第130问 为什么要在观光农庄中进行树桩栽培?

答： 树木盆景具有自然美、艺术美，它能美化环境，有利于人的健康，所以日益受到人们的青睐，结合观光农庄的特点，应发展树桩盆景，为农庄创收增色。适宜农庄发展的树桩盆景有盆栽果树和树木山石盆景。

1. 盆栽果树。发展盆栽果树有很大的实用价值，盆栽果树可以通过人工搭架造型和整形修剪。做出各种艺术造型而成为盆景，使自然美和艺术美巧妙地结合，将分散的、凌乱的大自然美，塑造成集中的、概括的艺术美，浓缩于盆钵之中来体现，使其既有中国盆景传统的根、桩、形、神，又兼有足够数量的果实供赏；以其春天花枝的婀娜多姿、夏季枝叶的生机盎然、金秋的硕果累累五彩缤纷、冬枝古朴苍劲等独特魅力令人陶醉，在赏心悦目之余又有佳果可食。在观光农庄内发展盆栽果树培育形态各异的果树盆景，既可以增加农庄的文化底蕴和收入，又使得观光园内的绿化、美化设计更加多样化，并能从花团锦簇到花果辉映中，营造出“花退残红青杏小，燕子飞时，绿水人家绕”的优雅境界。农庄内的盆栽果树还可以以盆景的形式出售，满足游客将野外果树搬到厅堂室内观赏的心愿，达到缓解压力、消除疲劳、调剂身心的目的，为室内环境美化、崇尚自然增添新的内容。

2. 树木山石盆景。这类盆景主要由野外掘取和人工培养获得树桩，在阴凉背光处对树桩进行养坯，树木成活后根据树桩的形态对其进行蟠轧整形，并有专业技术人员对其进行修剪养护。

第131问 在观光农庄中进行树桩栽培要注意什么?

答： 1. 要注意尽可能选择那些管理粗放、病虫少的树种。

2. 盆景的规格不宜过大。其中60%左右的应该为游客携带方便、管理粗放的微型盆景。

3. 与周边的花卉市场成为业务合作伙伴，尽力成为他们的生产基地。

第四节　温室展示区

第 132 问　为什么要设置温室展示区?

答： 因为观光农庄内的花卉、南树北引、无土栽培、水生栽培(花卉、蔬菜、果树)、气雾生栽培、鱼菜共生、果蔬远缘嫁接、立体栽培、根系长廊、草地集约化栽培乃至农产品的交易超市均需在温室内进行，所以温室的建设和管理是很重要的。

第 133 问　观光农庄中的温室有哪些类型?

1 **答：** 观光型农业的温室及保护设施，要根据栽培作物种类和主题的需要来选择。除了要具备常规生产温室的基本性能以外，观光农业对温室及保护设施还有一些新的要求。首先对温室的外观和内部结构要赋予人性化的设计，也就是在外形、结构上要景观化或艺术化，温室的平面设计要打破"方块状"的呆板模式，温室的立体几何形状也不要过于模式化，温室的布局也要改变规则化的排列方式，要注重布局的合理与艺术性等等。

另外，观光温室及保护设施对安全性要求更高，即对风灾、雪灾、冰雹、排涝、防火、抗震性能的要求更加严格，在满足植物生长所需环境指标的同时，还要满足游人在温室设施环境下的舒适度和安全性的需求。需要根据不同地区气候条件的差异、投资能力来选择温室设施类型和确定温室建设的档次。

1. 高大异型温室。是比较典型的景观温室和功能性温室，目前国内主要用于栽培高大的热带景观植物或作为生态餐饮温室。温室的肩高达到 6.0m 以上，顶高 7.0~10.0m，外形和内部结构完全特异化，覆盖的材料一般以玻璃和 PC 板为主，这种温室从外形看就是一座异形建筑或标志性的景观建筑，显著区别于常规生产温室。这种温室的优点是空气流通性好，环境稳定，但冬季保温性能比较差，加温能耗大。

2. 玻璃温室。可以在文洛型温室基础上，根据栽培作物种类和观光主题的不同，设计成不同的空间高度和跨度。一般把温室肩高提高到 5.0~6.0m，顶高 6.0~7.0m，跨度扩大到 12.0~15.0m，由于空间高度提高，温室的空间会显得更加宽敞，人们在温室内观光游览也不觉得压抑和憋闷，设置内保温幕时也不至于影响空间的利用，有利于植物的纵向生长。玻璃温室一般适宜于对光照要求比较高的果树和瓜果蔬菜的栽培。

3. 连栋薄膜温室。一般适宜于南方地区采用。作为观光温室使用，也要相应提高温室的空间高度，但必须提高抗风能力，对骨架、覆盖材料、固定装置的设计参数要提高。要求薄膜的透光性好、寿命长、强度高。为了提高保温性，可以考虑采用双层覆盖进行保温，内层是可以开闭的保温层。这样可以栽培大部分蔬菜、花卉、果树及其它景观植物，如果是栽培耐荫植物和喜弱光的花卉品种，也可考虑采用双层充气膜温室。如果仅栽培反季节落叶果树，提供季节性的观光采摘，那就不必要求温室高度和保温性能，栽培亚热带和热带果树，或要求四季观光栽培花草、蔬菜等，必须考虑设置加温、保温设施。

4. 中空阳光板温室。中空阳光板具有优良的保温隔热性、安全性和抗风、抗雪灾性能，因此从 20 世纪 90 年代中期进入中国温室设施领域得到了迅速普及。中空阳光板温室在中国近几年的大型现代化温室建设中的比例已超过了 40%。由于大家过于看重其优势，忽略了其作为温室覆盖材料造成对光照损失的关键问题，中空双层或多层结构对光的折射和反射使光照穿透板材后损失很大，温室内植物感受的光照度非常微弱，而且温室一旦建成，随着使用时间的延长，加上板材空层结露，透光率下降就不可逆转，实际光照透过率甚至不足 50%。如用于栽培大多数速生蔬菜、水果和鲜花，都难以获得优质高产的产品。故此类板材适宜用于栽培部分耐荫花卉、观叶植物和作为餐饮温室、休闲活动温室。

5. 大型日光温室。中国北方地区大面积生产使用的日光温室，以其优越的光照条件、保温性能成为中国园艺作物生产的主要温室类型。但由于受日光温室建造方位、跨度、高度、坡面结构的限制，作为观光温室来使用有一定的缺陷，不利于内部景观布局，而且其越夏的难度比较大，难以实现周年的生产观光。因此，如果要把日光温室用于观光农业，就必须进行升级改造，提高温室高度和跨度的同时，还要增加环境调控设施的配置，使其符合周年使用和观光环境的要求。一般可将观光日光温室的跨度做到 12.0~15.0m，高度做到 5.0~6.0m。在北戴河集发农业观光园，已经建起目前国内跨度最大(26.0m)，高度最高(9.6m)，长度 64.0m 的大型日光温室，用于栽培热带果树和热带景观植物。而且，温室与休闲、办公、购物实现结合，空间的利用率显著提高。

6. 复合建筑温室。即将不同的温室类型与传统建筑物进行有机结合，按照传统建筑的风格进行平面和立体的艺术设计，建成优美的外形结构。比如可以把人居建筑与日光温室结合；日光温室与连栋温室、及南北向的单栋温室结合，形成平面布局类似“四合院”的建筑风格。复合建筑实现了休闲娱乐的人居环境和植物生长的温室环境有机结合，外部为整体结构而内部实行透明隔离，人居环境和植物生长环境分别控制，以实现环境优化和达到借景的效果。复合建筑温室适宜于栽培景观植物和蔬菜、花卉等。

7. 日光温室及网室。在观光农业园中，除了采用各种温室设施进行周年的生产和景观塑造以外，还可建设季节性的保护设施进行生产和观光栽培。中国北纬40°以南的大部分地区从3月到10月份，只要采取一些简易的保温措施，就能实现春提前和秋延后栽培。防高温强光、防暴雨、冰雹和防台风是越夏栽培的主要难点，而适当的雨水淋洗对作物是有利的，只要加强田园清洁和排水，做到“雨停沟干”，也可以进行正常的生产和观光栽培。

根据经验，只要事先考虑到一些不利的自然因素并加以防范，没有温室设施也能进行蔬菜的无土栽培。首先，要做好整地工作，按一定的长宽尺寸开好四周的主排水沟，地块内部根据栽培模式和栽培作物的不同进行地面的整理，设计好内部的小排水沟并与周围主排水系统相连。设计好观光路线和栽培的操作行间，建好栽培所需的供水、供液系统，在整块地面上建高度4.0~5.0m左右的“网室”(网纱棚)，整体用防虫网覆盖。在网室内根据观光路线的设置，在路面上设计“薄膜防雨棚”(走廊式)，使游客在下雨时不被淋雨即可，作物栽培区可以淋雨，实现“雨中观景”的效果。

要求栽培区域都要做成略带“龟背型”的地面，并适当夯实，铺好园艺地布，以利于排水。整个田间除了观光路线需要进行步道砖“硬化”铺设以外，其余地面全部用黑色或蓝色园艺地布铺设隔离土壤，以抑制田间杂草生长和保持田园整洁。

网室覆盖栽培有利于防虫、防暴雨、冰雹等，投资少，适宜于作物露天生长季节的保护性生产和观光栽培使用。结合内喷雾、外遮阳设施，可以顺利度过高温强光的夏季。可以栽培多种瓜果蔬菜和盆栽果树、花卉等，是一种非常经济的保护地设施。

第134问 观光农庄中的温室在建造时要考虑哪些内容?

答： 温室的朝向取决于当地的地理纬度、温室类型(单跨还是连栋)和冬季阴影的最大容许值。一般在北纬40°附近，单跨温室的屋脊应以东西走向而连跨温室应以南北走向，后者可以避免北屋面和天沟在温室内形成固定的阴影。

如有可能，温室操作间应尽量在温室生长区的北侧，这样不会对温室生长区造成阴影。

连跨式温室由两个或两个以上的单跨温室沿天沟的长度、方向彼此相连接而组成。优点主要是取消了温室之间的侧墙，使温室结构得到简化，也加大了室内空间，其缺点是积雪不能直接滑落屋顶。因此，在温室结构荷载计算中必须考虑积雪荷载。为消融积雪，一般在天沟下方安装加热管或在天沟内布置加热线。温室顶部分为尖顶和拱圆顶。尖顶温室其屋面凝结水可以较好地顺着温室屋面流到两侧而避免了水滴直接滴落在温室内的植物上面，圆拱形屋顶则应在贴近屋面的下部再安装一层类似帐篷的塑料膜将屋面的凝结水疏导到温室的两侧。

天沟的高度对温室设计至关重要，它直接影响室内气流运动、加热和降温效果，而且还可以决定悬挂设备如喷灌车、补光灯、内遮阳系统、环流风机的悬挂空间，温室天沟的高度最好为4. 7～5. 3m。

为了使观光农庄能够保持四季如春的环境和有瓜果可采，可以在农庄的温室通道或智能温室处可以同时外跨果、菜采摘温室，外跨温室中柱高4. 5m，前坡高1. 5m，地势较长廊通道低洼0. 3～1m不等，长廊内有门与之相通，主要种植有红小玉西瓜、小番茄、草莓等，这些果、蔬植物可以采用牵引式或直立式栽植和立体架式栽培，游人可以很直观的看到温室内的果、蔬产品，亦可直接进入温室内进行采摘活动。

智能温室果道外跨单跨温室

每个温室内的电器均由各个温室的配电箱及控制器单独控制温度，均有隔断门来隔断，这样便于每个温室的单独温度控制。为了使农庄内的果、蔬产品和作物产品成为无公害的产品，农庄内要大量应用捕虫板、性诱芯与人工捕杀相结合的方法来防治害虫，必要时再使用低毒无公害的农药进行防除。

第 135 问　不同用途的温室如何管理？

答： 温室内生态环境条件异于室外条件，通常温室内光照不足、空气湿度低、空气不流通、温度较恒定。因此并不利于植物生长。因观光农庄中有许多的重点工作要在温室内展开，尤其是作为观光农业的重头戏的热带植物园和根系长廊等都要在温室内进行才能顺利实施。因此，温室的管理更是重中之重，为了保证植物的生长条件，除选择较能适应室内生长的植物物种外，还要通过人工装置的设备来进行包括加热、降温、补光、补 CO_2、遮阳等工作，改善室内光照、温度、空气湿度、通风等条件，以维持植物的生长。

作为餐厅或展览、销售用途的温室内还要考虑好空气流通、防火以及安全通道等确保人身安全等设施的建设工作。

第 136 问　规划温室婚所的意义？

答： 异型温室与婚礼的结合为现代青年婚礼带来了一股新风，异型温室将室内、外婚礼仪式融合到一处，将传统的与现代的婚礼模式相交，它的运用增加了一种新的婚礼模式，创造一种全新的理念。这种理念已在世界上悄然兴起并得到实践和发展，同时，在国内也会很快的发展起来。

对这种婚礼模式来讲，温室拥有其特有的优势，轻钢型结构和玻璃维护令整个场所看起来轻盈剔透，就像一颗钻石，而且温室的配套系统可以利用最少的维护成本来营造出四季如春的室内景观效果。因此，这种温室婚礼受气候的影响较小。

第 137 问　温室婚所有哪几种形式？

答： 常见的温室婚所有以下两种：

(1) 中式婚礼会所。在进行中式婚礼会所内的植物配植时，尽可能不要栽植中国人喜庆时比较忌讳的花叶、白色花品种，应选择红千层、火棘、观音莲、芭蕉、火鹤、虎皮兰、橡皮树、葫芦、一品红、千年树、苹果盆景、石榴盆景等多种形态优美的植物，乔木、灌木和地被植物的搭配，结合假山、流水、小桥营造出不同的景观。为婚礼提供了各异的景观效果。新人采用骑马、抬花轿和采用坐花船的方式进入婚礼场所。

（2）西式婚礼会所。西式婚礼会所的温室建筑是目前世界上最新推出的教堂形式，既满足现代年轻人追求新颖的形式，又符合各种宗教信仰的新人的要求，在温室内装扮成教堂形式不仅高贵典雅，富丽堂皇，而且会吸引更多客源。这里除了具有简洁明快的绿化景观外，还可栽植象征纯洁的白色花卉和热带植物，营造出异域风情。

第138问 如何规划温室婚所？

答： 阳光婚礼会所将浪漫融于阳光，融于自然，会所里用各色的鲜花扎成花门，通道采用锦屏藤栽植装饰，利用其粉红色的根系营造出梦幻般的奇景，在会所的水系中，放养红锦鲤、金鱼等鱼类，水中栽植荷花、并蒂莲，水面游弋鸳鸯、黑白天鹅，这些都在潜移默化中将祝福带给对对新人。

婚礼会所

锦屏藤根系形成的梦幻长廊

婚礼会所在选址时要注意与生态餐厅及热带雨林的位置比邻，这样有利于完成婚礼的全过程。两个温室之间的通道可用葡萄、葫芦、南瓜等植物长廊连接。亦可考虑开辟专用通道，利用温室通道直接连接，用锦屏藤及花卉布景连接，用红毡铺地，使每对新人都可以在一片喜庆、祥和的氛围中步入人生殿堂。

第 139 问 温室水上乐园的意义是什么？

答： 现在我们身边露天泳池、露天水上活动项目越来越多，露天的环境让人们体验到自然的同时，场地的开放时间要受到天气气候的影响，实际上由于夏季的高温、冬季的严寒、风、霜、雨、雪等恶劣天气的影响，人们一年中只有很少的时间能够享受到这种露天的环境带给我们的放松。

独具匠心的温室泳池系统为提高这些露天水上项目的使用周期提供了最好的解决方法，它所具有的多种可开启式屋顶解决了风、霜、雨、雪等恶劣天气的影响，遮阳和降温系统解决了夏季高温时不能使用的缺陷，加温、保温系统又增加了冬季低温的运行时间。在北方隆冬季节，室外白雪皑皑，室内暖洋洋，春意盎然，对比强烈。

第 140 问 如何规划温室水上乐园？

答： 温室水上乐园的景观共享空间以供游人观赏为主。当然也有供游人坐下饮食、休息的设施和观赏平台等亲水设施，此处的空间一般较大，在其一侧或中部布置一处仿自然瀑布，水从高处跌宕倾斜而下，可考虑由下而上按景观要求构造几个不同标高的开口砼水池，使其在溢水处相互铰接，上下搭接而形成水渠、瀑布，洗浴的游客在这里可以享受到瀑布冲量的惬意，同时在浴池内和池壁转折处可以三五成群地布置一些景观石。植物景观宜活泼、丰富多彩甚至有微地形起伏，有水池、瀑布、山石道路、小桥等，在池壁后退 3m 处随池壁呈自然式堆筑土丘造型，土丘上种植观赏性强的小乔木和灌木形成靓丽的水边风景，植物直接栽植于地下，而不用盆栽。将室内挖成低于地平面 1.5～2m 深的种植池，其内种植热带沟谷喜阴湿的植物，栽植树种主要以南方热带植物为主，如大型树木以及椰子等棕榈科植物；土丘与池壁间以明沟暗排的方式分割开，防止浇灌树木的污水流入浴池中。排水沟为砖砌明沟，上盖带孔的盖板，盖板上铺雨花石渗水。在池边摆置硕大真实的卵石，墙上画上沙漠及热带景观，真真假假，以假乱真，使游泳者产生犹如置身在热带河、湖中畅游的错觉。

供人洗浴的空间一定具有一定的私密性，面积较小，植物景观宜素雅、宁静。同时在其一侧的围挡墙体上悬挂镜子，在视觉上加大洗浴空间。浴池的岸线为舒缓的曲线，可以使静态的池水有正常流态的效果，并且用淡蓝色或蓝色的马赛克或瓷砖镶铺池底，使池水在感觉上很干净。泳池的池壁采用多台阶式的人工自然式池壁，最下两至三层不要砌出水面，临近水面的一层

游泳池壁与种植土丘的分割

要砌筑在水面以下 15～20cm 处，以便人们可以坐在水中洗浴。

有条件的地方还可以利用天然温泉或药浴等特色洗浴作为招牌品牌，占领市场。

第 141 问 温室水上乐园在规划与施工时要注意哪些问题？

答： 温室水上乐园池壁设计施工时要注意以下几个问题：

1. 温室浴池的水体，应服从总体要求，既有一个总体构思，池壁是自然还是规则式，要看整体的地域位置、风格而定。

2. 一个水系中几个做法可以相互配合使用，即游泳者下水区应规则，接近景观及水中休息区处应自然，但要注意不同风格及做法的交接、过渡。

3. 做温室浴池池壁时要考虑安全因素，一般不要用光滑的光面板岩做饰面，可采用大型鹅卵石镶嵌或用防腐木做饰面，同时池壁的交角宜采用圆角而不用直角，避免磕碰到游泳者。

4. 排水最好选用有防滑作用的防滑水箅。

5. 可根据能力分别设置牛奶浴，药浴、啤酒浴、红酒浴等多种戏水洗浴场所。

第五节 特种动物养殖区

第 142 问 为什么要有特种动物养殖区？

答： 观光农庄中的动物养殖、发展，不仅可以为农庄内的餐厅提供肉类来源，而且也是实现观光农庄生态循环必不可少的农业生态产业，利用食草动物来转化农庄内的草资源及农产品的废料，实现农业生产的零浪费排污。

第 143 问 特种动物养殖区如何选址？

答： 由于观光农庄的特点，林下禽类养殖区与其它区的间距应在 500m 以上，避免动物羽、毛等杂物外溢，并且要定期打扫，避免造成环境污染，具体选择场地时应遵循如下几项原则：

1. 既有利于防疫又交通便利；
2. 宜选在高燥、干爽、避风向阳、排水良好的上坡林地；
3. 场地内要有遮阳、避雨设备，以防止鸡只因暴晒中暑或淋雨感冒；
4. 场地要有电源和水源；
5. 所养的动物要圈得住，以防走失或带进病菌。

第 144 问 主要林下禽类养殖的禽类有哪几种？

答： 可以在林下进行鸡、鸭、鹅、大雁、鸵鸟的禽类养殖，养殖迁飞能力强的禽类要采取防飞措施。

林地散养

第 145 问 观光园区内如何选择规划林下禽类散养的养殖区？

答： 以林下养鸡为例加以说明，林下养鸡采取异地集中育雏、林地散养的方式，经种鸡、孵化、育雏三道程序后，满 5 周龄雏鸡入林地放养。

一般十五亩左右为一块，选好场地后，四周用渔网或铁丝网围栏，网眼大小以既能阻拦鸡只外出又能阻止野兽侵入为准。围栏内建鸡舍和运动场，蛋鸡放养密度控制在150～200只/亩，鸡舍既要通风透光，还要保温，鸡舍内要配有食槽、饮水器和干燥垫草。蛋鸡鸡舍要配有产蛋箱，产蛋箱设置应靠近围栏边，以能够方便人们在围档外边拾取鸡蛋为宜。为增加鸡舍的观赏性，可以在鸡舍周围种上经济藤类植物引其在鸡舍顶棚上攀爬，并降低夏天鸡舍内温度。运动场内种植优质的牧草供鸡采食，草的多少，以能达到草禽共长（鸡吃不完草、草能正常生长）为宜。运动场内要有沙堆供鸡只夏天沙浴，运动场中还应种植一定数量的观赏花卉，供鸡只夏天在阴凉下休息和游人观赏。一般每枚柴鸡蛋可收费1元左右。

养殖区域的围栏

第146问　林下禽类如何进行管理？

答： 林下散养禽类除了采取免疫接种、药物预防、定期消毒方案外，还应注意以下事项：

（1）铺设垫草。通常禽类舍内需铺垫草以达到保暖功效。垫草要求新鲜、无污染、松软、吸水性强、长短粗细适中。常用的有锯末、小刨花、稻草等，使用前要进行暴晒，发现发霉的垫草应挑出，垫草厚度以3～5cm为宜。

（2）保持禽类舍内清洁干爽，饮水、饲料、用具和垫草干净，饮水器、饲料罐高度要方便禽类吃料饮水，以不洒料、洒水为宜。

（3）加强运动和强迫运动。散养禽类的主要目的就是让禽类在较大面积内自由运动，因此每天白天尽可能不让鸡只总在鸡舍内休息，要将其驱赶到运动场中去，以增加禽类的抗病能力和生产能力。

(4)禽类幼雏脱温后，让其逐渐适应外界气候环境，在运动场内自由活动，采食天然饲料，视禽类大小和采食情况，确定给料次数，要给禽类充足的干净饮水。

(5)做好防蚊、防鼠、防野鸟工作，饲喂时要有专人看护，避免上述野生禽类进入鸡舍与所养禽类共同采食，杜绝传染病传播。

(6)严格遵守防疫制度，禽类舍内要每周消毒一次，每批次之间空棚消毒期应相隔 10 天以上，以达到对散养场地的彻底消毒和处置。

第 147 问 特种动物养殖包括哪些动物种类?

答： 观光园内的动物养殖，不同于动物园的动物养殖，要有农家特色，饲养的动物以马、牛、驴、骡、羊、猪等农家牲畜为主，辅之以狗、兔、猴子、梅花鹿、孔雀等其它动物，如果能够进行小动物表演等娱乐节目，那是最理想的了。

第 148 问 特种动物养殖如何选址?

答： 在进行特种动物的养殖棚、圈设置时，要将这些动物既为单独品种独立棚、圈养又要有机的按参观路线将动物的饲舍组合起来，使之成为观光园中的一道靓丽的风景线。

第 149 问 特种动物养殖如何管理?

答： 观光园中的动物多以草食动物为主，所以规模化养殖需要种植大量的牧草，而观光农业的主题并不是大量的种植牧草，而是一项综合性多功能多方向的产业，同时，对于近郊的观光农场也常会因土地的有限性，制约了兔、山羊、牛等草食动物的发展，如果在水资源缺乏的地方，更是一项耗水极大的种植产业。为了解决这些问题，一种集约化多层次无土化节水化的牧草种植技术就应运而生了。

这种模式是借鉴了工厂化生产芽苗菜的立体化自动化模式，同时结合了水的循环重复利用技术，来实现生产的集约化与节水化。只需将种子播到托盆或栽培盒上，经过 10~15 天的生长就成成为绿茵茵的苗草，而且在没有任何基质的气雾环境下生长，连根带苗皆可作为动物的饲草。如果在冬季，在设有保温大棚的环境中生长，可以周年为动物的饲养提供营养丰富，是口性好的新鲜草料，不需吃食干草或种子饲料，可以加快食草动物生长。

种子经过发芽成苗这个生理转化过程后喂食动物，原本一些不能吸收的物质，也可转化为易吸收消化的营养，吸收转化率大大提高，所以采用种子饲料发芽后喂食可以大大提高肉饲率。另外，就是没有栽培牧草的恶劣条件下也可进行食草动物的饲养，甚至在土地资源极度紧张的城市中心也可进行养殖，它是未来都市农业养殖业发展的一项重要配套技术，在观光园区中建设该项目，可以大量生产出餐饮所需的各种肉产品，除满足自供外，还可以供应给市民，它是一种无任何污染的有机养殖方法，因为在牧草的栽培过程只喷水没有施用任何的化肥与农药。是草食动物饲草的一项重要保障体系，利用它你可以在农场中养殖各类草食动物，草食动物的粪便又可以经发酵后形成堆肥或液肥，返还农田，形成一种良性的生态耕作体系。

第 150 问　特种昆虫养殖包括哪些昆虫种类？

答： 特种昆虫养殖包括蚂蚱、蝈蝈、金蝉及蝴蝶等。

第 151 问　如何进行特种昆虫养殖？

答： (1)蚂蚱养殖。蚂蚱养殖地应选在通风向阳地点，养殖棚地基高出地面 10 ~ 15cm，棚的建造可用竹片、木杆等作支撑架，棚高 1.5 ~ 2m，用纱布做一个类似温室的棚罩，底边埋于地下，留一个门口，门口安上拉锁或用粘布条各对粘，一般每平米可放养 600 ~ 800 只蚂蚱成虫。

用新锯末按 2.1 的比例与土拌匀，要求含水量为 20 ~ 30%，在器具上或木板上铺 3 ~ 5cm 厚的搅拌混合土，将虫卵均匀的撒在上面，再盖上 1cm 厚的土，经过 10 ~ 15 天的孵化，幼蝗即孵出，幼蝗 7 天左右蜕一次皮，蜕 5 次皮后变成成虫，再过 50 天后就可销售或留种产卵了。

1 ~ 3 龄幼虫的食量小，35 天后食量加大，在早 9 时到下午 5 时，分 2 ~ 3 次将饲草均匀撒在棚内喂食，阴雨天要有遮盖设施，防止幼虫因潮湿生病；夏天干旱和气温高达 35 摄氏度以上时，要对养殖棚进行遮荫，在纱棚或棚内适当洒水，供应水分。

(2)金蝉养殖。在 8 ~ 9 月是采集若虫的最佳时期；9 月份是采集蝉卵的最佳季节。

金蝉殖种时深度为 30 ~ 50cm，应在背风向阳、土质疏松、肥沃、无污染的地块选择殖种土壤，供殖种用的土壤不能过干或含水量过大或存在积水现象。

寄主植物要求为根系发达、生长茂盛、汁液较多的健康树种。

冬季应在殖种区覆盖稻草等，以保持地温。

其他管理如蚂蚱。

(3)蝈蝈养殖。基本同蚂蚱养殖，但相关效益较蚂蚱养殖高得多。品相好、健壮的可以向爱好者出售；反之可以作为油炸食品出售。

(4)蝴蝶养殖。蝴蝶为人们喜欢的昆虫，以其种类繁多、花纹艳丽、色彩斑澜而具有极高的观赏和收藏价值。其成虫在花间翩翩起舞，让人赏心悦目。蝴蝶的人工繁殖分室内、室外两种，不论是哪一种，在室内外种植各种幼虫寄生植物和成虫的蜜源植物，还必须设置花蜜供食盘；蝴蝶的幼虫为树木或花卉的害虫，繁殖室通常采用木制或竹制，用10～18孔的纱网或尼龙纱覆盖笼室，以防外逃，危害树木花卉。如采用养虫笼，室内繁殖的笼高1.8～2m，室外笼高为4～6m。

人工繁殖的方法：

①根据繁殖蝴蝶的品种，栽种幼虫寄生植物。如美凤蝶、玉带凤蝶的幼虫则主要寄生在柚树、柑桔树上。

②从植物园内搜寻美凤蝶、玉带凤蝶的卵枝，连枝剪回来，插入敞口瓶，瓶中添满水，为防止幼虫跌入瓶水中淹死，可用薄膜密封瓶口。将瓶移入温暖向阳、背风的网箱中，以防鸟、虫等天敌危害。

③美凤蝶、玉带凤蝶卵枝插在瓶中发育表现为灰黑色的卵块，是即将孵化出幼虫的情形，经过10～15天幼虫即破壳而出。

④刚孵化出的幼龄小虫，群集在柑桔，柚树梢上，开始取食嫩叶。当卵块中最后几条幼虫爬向幼嫩的梢上采食时，卵块堆已变成透明的丝囊壳。

⑤瓶中要经常加水和换新鲜嫩枝叶，并除去残枝梢。

⑥幼虫约12天脱1次皮，每脱1次皮为1个龄期，经过5～6龄变化后，老熟幼虫在网箱或树枝上开始吐丝作垫，然后用臀足趾勾住丝垫，头部下垂，弯向腹面，悬挂空中，经过7～14小时从胸背线处破裂后化蛹，吊在网箱的横梁上或树枝上。

⑦经过10～12天，蛹开始羽化，刚羽化的成虫翅膀还是软的，经过几十分钟后，随着体液顺着翅膀中的许多血管流动，翅膀不断充盈扩展，翅膀很快变硬展开，一会儿成虫就能飞起来。

⑧不论繁殖哪种蝴蝶，都必须在傍晚时采收成虫。一般人工采收可用1只小型的塑料袋，用手轻轻提起蝶翅，再指轻压(拇指和食指)蝴蝶的胸部，使其轻微受伤窒息，放入袋中，然后用三角纸袋包装，以备使用或销售。

第六节　水上观光娱乐区

第 152 问　为什么要建设水上观光娱乐区?

答： 水上观光娱乐区可以使游客得以对水的亲近，更能给人们创造出富有童年趣味的水上空间。而且那些漂流活动可以使人们置身湖光山色之中，享受轻舟已过万重山的急流湧进之美。

第 153 问　水上观光娱乐主要包括哪些内容?

答： 水上娱乐活观光动包括标准游泳池、海浪池、儿童池、热身池、水疗池、漂流河、旋风滑道、章鱼滑道、竹排、水上摩托艇等等个项目，还可设置水疗、鱼疗、矿沙浴等 SPA 休闲水疗项目可供游客参与。

第 154 问　水上观光娱乐项目如何管理?

答： 一般来说没有太大危险，但是家长应寸步不离的陪在孩子身边，以免发生意外。

经营这样的项目需要注意：1. 场地的选择，最好选择空阔面积大的且人气多的地方；2. 距离水源近，便于向充气水池中充水；3. 考虑场地的费用及投入产出比例。

第 155 问　水上观光娱乐区包括哪些内容?

答： 水上观光娱乐区主要包括水岸景观、垂钓区和水上乐园等。

第 156 问　什么是水系景观?

答： 一般观光农庄中的水系面积很大，除四周岸壁作驳岸和护坡外，湖底一般不加处理。这里所讲的人工水系多为人工依地势就低挖凿、修葺而成，多采取人工水源，因此有进出水的管线设施。另外这些水系除池壁外，池底亦作铺砌。在一般情况下人工水系的体量相对较小而且很精致。

水池布置要因地制宜，充分考虑园址现状，其位置应在园中最醒目的地方。大水面宜用自然式或混合式，还要注意池岸设计，做到开合有效、聚散得体。有时，因造景需要，在池内养鱼，或种植草花。水生植物池根据植物生长特性配置，植物种类不宜过多，池水不宜过深，否则，应将植物种植在箱内或盆中，在池底砌砖或垒石为基座，再将种植箱盆移至基座上。

土岸边的植物配置，应结合地形、道路、岸线布局，有远有近、有疏有密、有断有续，弯弯曲曲，自然有趣。为引导游人临水观倒影，则要在岸边植以大量的花灌木、树丛及姿态优美的孤立树，尤其是彩叶的树种，使之一年四季具有色彩。土岸常少许高出最高水面，站在岸边伸手可及水面，便于游人亲水、戏水；单纯的石岸的线条会显得生硬、枯燥，植物配置的原则是露美、遮丑，使之柔软多变。一些大水面的规则式石岸很难被全部遮挡，一般在岸边配置垂柳和迎春等植物，让细长柔和的枝条下垂至水面，遮挡石岸，同时，配以花灌木和藤本植物（如变色鸢尾、黄菖蒲、燕子花、地锦等）来局部遮挡，增加活泼气氛。配置时注意切忌不分美、丑全部覆盖，失去了岸石的魅力。

1. 水边的植物配置。水边植物配置应讲究艺术构图。我们园林中自古在水边栽植垂柳，形成柔条拂水的效果；同时在水边种植落羽杉、池杉、水杉及具有下垂气根的小叶榕等，均能起到线条构图的作用。但栽植在水边的植物切忌等距离种植及整形式修剪，以免失去画意。在构图上，应注意探向水面的枝、干，尤其是似倒未倒的水边大乔木，以起到增加水面层次和富有野趣的作用。

水边植物配置效果

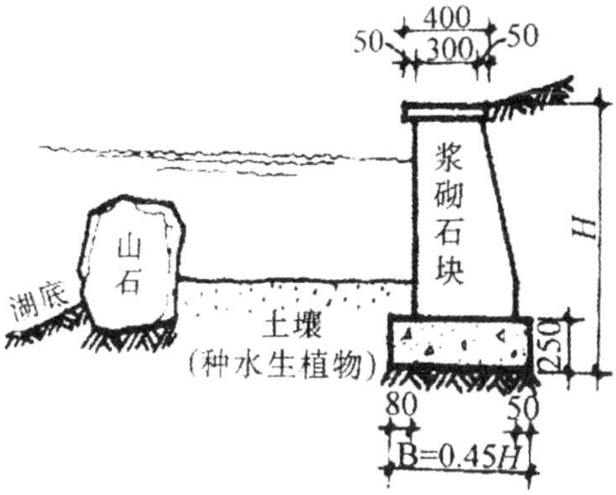

水边植物种植池处理

2. 湖的植物配置。湖是园林水体中最常见的水体景观，水面景观低于人的视线，与水边景观呼应，最宜观赏。水中植物配置用荷花、睡莲，以体现“接天莲叶无穷碧，映日荷花别样红”的意境。或者水面设计种植有优美树姿、色彩绚丽的观花、观叶树种时，要注意切忌拥塞，留出足够空旷的水面来展示物体的倒影及灯光。

水面植物配置效果

第157问　垂钓区如何规划?

答： 在观光园中常会设立休闲垂钓区，该区的主要功能虽然是给人们体会钓鱼的乐趣，但其实是整个观光区的一大水体景观，需保持洁净透澈，能见到鱼在水中游弋，水草随波漂动的自然美景，实现水体生态环境最优化，钓鱼赏景怡情悦志一体化。在垂钓区中有生长多年的菖蒲、香蒲、荷花、水葱等多种挺水植物和浮水植物，水中可放养草鱼、鲤鱼、鲢鱼和红锦鲤鱼等多种鱼类。

第 158 问 水上乐园包括哪些内容?

答： 水上乐园项目主要有两种：1. 免费项目。这些是由观光园经营，由观光园自行管理。含以下内容：惊险桥、水上走钢丝、滚筒桥、情侣桥、飞渡桥、铁索桥等，这些地方水深 1m 以内，观光园派有专人负责。铁索桥处可以卖连心琐。

观光园水上免费项目

(2) 收费项目。蹦极、激流湧进、空中滑索、撑竹排、飞车冲浪、水上碰碰船、水晶球、摸鱼、垂钓小龙虾等，这些项目可以由观光园进行招商发包，由承包人自行管理。

观光园水上收费项目

第159问 摸鱼池如何建造?

答： 是人工模拟自然水系中的小水沟形状，在地面人工开挖出深50cm、宽100cm的仿自然沟槽。用砖与混凝土砌抹成型，成形后的摸鱼沟深40cm，宽90cm左右，水沟内一般每隔20m左右即设一个水闸，摸鱼水系中的水由其他水系中抽水，循环流动，水深约25～30cm不等，沟内放养有红锦鲤鱼、金鱼、鲤鱼等多种鱼类，游人可以在这里掏水摸鱼。

第160问 如何饲养小龙虾?

答： 垂钓小龙虾用的池塘，要求水源充足，水质良好，进、排水方便，面积一般为3～5亩。池埂要有一定坡度，且为避免小龙虾掘穴外逃，池埂宽应在1.5m以上，并在池埂四周设置0.5m高、内壁光滑的防逃墙或防逃板。池塘中间搭建一些泥埂，为小龙虾创造打洞穴居场所注意泥埂两头不与池埂相连，泥埂长约为池长4/5，埂宽1m以上，埂高出水面5～10cm。池水深以0.8～1.5m为宜，最好是中间水深，四周有浅滩，池底放置树根、竹筒等。放养前严格消毒，每亩施腐熟的畜禽粪300～500kg。池内种植占池塘面积30%的水草，如苦草、轮叶黑藻、水浮莲、水花生等，便于小龙虾蜕壳时躲避敌害侵袭及栖息。

幼虾放养主要采取三种模式。一是夏季放养，以放当年孵化的第一批稚虾为主，放养时间在7月中下旬，每亩放养规格0.8厘米以上的稚虾3～4万尾。二是秋季放养，以放当年培育的大规格虾苗或虾种为主，放养时间在8月中旬至9月。虾苗规格1.2cm左右的，每亩放2.5～3万尾。虾种规格2.5～3cm的，每亩放1.5～2万尾。三是冬春放养，一般在12月份或翌年3～4月，以放养不符合当年上市规格的虾为主，每亩放100～200尾/kg的虾种1.5～2万尾，经过冬春两季养殖，到6～7月起捕上市。

幼虾要求体质健壮、附肢齐全、无伤无病、活动力强，且同一池塘放养规格要一致，一次放足。放养前，先将幼虾装进塑料盆内，往盆里慢慢添加少量池水至盆内水温与池水温度接近，再按盆内水量加入3%～4%的食盐水浸浴消毒5分钟，然后将幼虾沿池边缓缓放入池中。放养时注意避免曝晒。若是从外地购运回的虾苗，离水时间长以致有些虾出现昏迷现象时，应将幼虾放在水盆中暂养20分钟再放。

第 161 问 水上娱乐项目收费有何参考依据？

答： 园区内的水系可布置成为旅游区与居住区、农家动物养殖区的分割线，由铁索桥(年轻恋人比较喜欢走这里，并在桥上结同心锁)、滑索(年轻人喜欢，分高长，10 元每人每次、和低短两种 5 元每人每次。)和普通桥梁连接通行。

表 4.2 水上项目收费标准 (参考)

序号	项目	单价(元/人次)
1	电动船	10
2	飞车冲浪	10
3	水上碰碰船	10
4	水晶球	10
5	飞跃水系	5
6	水上自行车	5
7	水上情侣船	5
8	游船	5
9	单人划船	5

第七节 娱乐休闲区

第 162 问 为何要在农庄中营建娱乐休闲区？

答： 悠闲秀美的田园生活，不但是我国农业文明的高度体现，更是我国千载之下无数名流雅士的追求，现代休闲农业中，人们不仅可以体验农家生活，参观农庄中的植物观光区、果树药材区、农家动物园(包括家畜、鱼类、珍禽类等)、温室等，还可以结合作物的物候期，让游客直接进入观光园中的采摘园或温室中进行果实采摘、赏花、采花、拔菜等活动，尽享田园乐趣。农庄的选址应在与城市中心的距离控制在开车 2 个小时左右的路程之内。在观光农庄的基础上，把此区整合成一个类似大型绿化生态公园的活动区域，形成集休闲、娱乐、教育、体育、竞技、健身、水上游乐观光为一体的场所。

观光农业园区设生态住宿，是让城市居民在留宿园区的同时，感受城市以外农业环境的清新空气，听听鸟鸣虫叫的自然声音，闻闻自然泥土的气息和草木的芬芳，领略非钢筋水泥建筑的农家住宅和朴素的生活设施。生态住宿要和周边作物生产和自然景观相统一，布局要错落有致，尽显自然。道路铺设也要体现乡村风格，取自自然材质，作物和景观植物搭配要多样化，高低错落，体现自然生物群落和生态农业、立体复合农业内涵，要有目的地引进和保护一些能活跃气氛的益虫和小动物，如：青蛙、蜻蜓、蛐蛐、萤火虫、蜘蛛等昆虫和兔子、鸡、鸭、鹅等动物，使住宿周围的环境尽显自然生态和生机勃勃。

在塑造自然氛围的同时，要确保周边活动环境和住宿条件的安全、卫生、方便、雅致，不能过于低俗和简陋，以满足现代人的生活品位。

游客观花

第163问　规划农庄休闲区有何意义？

答： 农庄采取人、车分流形式，园区中只设置人行通道、景观绿地及游人活动设施，为整个园区营造出宁静、安全的氛围，利用这里的自然景观将具有各国异域风情的建筑依山就水而建，实现了人们傍山亲水而居，使之成为居住条件最为理想的生态之城。在利用地缘优势的同时，通过使游客亲近自然的环境设计，创造依托于优越的自然、人文环境下的高品质、低密度居住群的生态社区，给与游客一个有品味的、有文化的、有归属感的、多元化的生活氛围，打造一个全新的异域风情的观光居住区。游客在这里除可以参观相应农业设施及体验农家生活外，农庄中亦可发展村落文化，利用农村各地特有的文化或风俗习惯作为观光休闲活动的的内容，建设农村民俗文化馆等乡土文化活动场所、民俗古迹、地方人文历史、丰年祭、乡村博物馆等，使广大观光旅游者体验到当地的风物景貌，了解我国的人文景观等，对当地民俗风貌进行良好的展示。可以让游客尝试一下一些比较安全的农用器械的简易操作，可以组织化、游戏化，从运动休闲中体验中国农业文明。同时，游客还可以通过食用农庄所特有的美食，购买纪念品和农产品等了解当地的风貌，感受农庄之美。

第 164 问 如何规划农庄休闲区？

答： 为使游客在休闲农业所营造的轻松愉快的休闲度假环境中排解繁重的都市压力，感受朴实的人文自然气息，令游客能感受到精神体验。“户庭无尘杂，虚室有余闲。久在樊笼里，复得返自然”，这是古人对美好田园生活的向往，时至今日，在脱离了都市的喧嚣后，来到观光农庄，望一眼碧绿的畦田，饮一口甘洌的山泉，住一宿质朴的农家院落，都是一种全新的怡然感受。从整个精神上得到放松，甚至愿意“开荒南野际、守拙归田园”。观光园各个组团军规划了多主题会所，全面满足居住者的时尚休闲、美食、活动、健身、文化、交流等方面的需求，让每位居住者在园区内可以享受到田园式生活以外，还可以坐享便捷的社区式配套服务。实现养生居住、度假投资多养置业。

农庄中休闲的人们

为了满足旅游者的多种休闲爱好，观光农业园需要导入一些休闲娱乐项目，在项目选择上要尽可能避免对园区生态影响较大，污染比较严重的项目。要引进低能耗、高品位、与农业相协调的参与项目。挖掘传统农业和传统手工艺、传统民俗、歌舞及游戏项目的设置，使游客能感受到大都市所体验不到的娱乐项目。

可以利用自身地域广阔、畜牧设施良好的优势开设跑马场，在其内栽培各种牧草营造草原风光，放养各种野兔、麋鹿、孔雀、驼鸟、野鸡等，供游人驱逐捕猎，体验古人“金戈铁马纵情驰骋”的豪情，从中获取乐趣与野外健身。为此观光园专门聘请专业人员对游人进行骑术培训和指导保护，并在活动区域做好防护措施，确保参与者的安全。同时，观光园还可以利用自身的优势，修建滑雪、滑草、滑沙等大型娱乐设施，在滑沙场配置仿生的仙人掌类沙漠植物，再现大漠风情和大草原的宽广。

有条件的农庄可以在农庄内部规划有高尔夫环湖公园，由湖面景观、园林小品和高尔夫推杆练习场构成，将这项高雅运动与休闲结合起来，规划时注意要使其与周围的景观融为一体。

为了满足人们的亲水心理，农庄营造人工湖泊，在水系的边上设置大众餐厅和单间雅座小屋，单间小屋外围均设有亲水平台，水系中可种植水生花卉、蔬菜，水中放养红锦鲤等淡水鱼，水体采用直立驳岸，水系边设置亲水平台，供人们亲水、戏水、垂钓，夏季游客可以进行近水嬉戏，和坐下休息，在岸边设置拉膜亭，内设休闲茶座，人们在此闲聊畅饮，遥望天边一行鸥鹭，既可以领略到秋水共长天一色的美景，又可有渔舟唱晚的冥思。游人还可以泛舟湖上，采莲嬉戏，在游船上“把酒临风”，进行水上划船、购物、垂钓等。还可以在摸鱼处买鱼食喂鱼，亲身体验喂鱼、摸鱼的乐趣或“临渊垂钓”使游人享受垂钓之乐，体会“孤舟蓑笠翁，独钓寒江雪”的人生意境甚至撒网捕鱼的乐趣。水系四周绿树成荫，碧水清清，树影与水面相映成趣，依次形成岛影、亭影、楼影、树影四段城市景区，在距水域5m处铺设水景慢跑道，居住

游客水边喂鱼

在这里的游客可以在晚饭后和家人一起去这些水系边遛遛弯，在周末的时候，城里的人们还可以驾车带着孩子来水上观光区游玩。此外，由于观光园区中采用四季皆有颜色落差的成年树木与灌木组合，以观花、水景与自然融合的多层次立面设计，营造出植物葱茏，幽静恬适的氛围，给人的感受是这里的空气比城市好得多，绿化环境好，是一个天然的大氧吧，而且交通也很便利，自己开车，在很短的时间就可以完成从繁闹的都市到宁静、休闲农庄的转变，应该说是很难得的。

水边休息的老人

在远离餐厅的浅水区还设置沙滩和游泳区，并配备救生圈和水上救生员，有专人在这里指导，人们可以在这里尽情的戏水畅游。

在居住区外依据植物群落的生长习性栽植密植林带，屏蔽居住区域外的喧闹，保证居住区的宁静。在进行观光园居住区的整体设计上，力求做到让游人一进入居住区的入口直到自己的居住区，就仿佛置身于绿色、健康的海洋，可以随时随地的享受新鲜空气、阳光雨露滋润以及鸟语花香的生态境界，通过合理运用园林植物将园林小品、建筑物、园路与铺装充分融合，体现出园林景观与生活、文化的有机联系，及其蕴藏丰富的文化内涵。同时在园林空间组织上力求达到一步一景、步移景换的动态效果，让游人们感受到自然、亲切的居住环境，陶冶高尚情操。

利用环境模拟技术，在观光园中对全国各地的民居进行模拟，有热带、有温带、有沙漠、有洼地、有山丘、有平原、有河流、有丛林各种各样的生态环境，然后栽培各种不同生境的珍奇特植物品种，让游客一览我国不同气候不同地区所形成的不同植被，对于认识植物及了解植物的进化与起源具有很好的教育作用。

原生态小屋的建造。要求外简内繁、室香静雅。尽可能不要用豪华的现代化建筑，多采用原生态建筑，以保持农庄的意境和特色，近高地造山居，稳健持重。地面多用文化石、板岩铺装、以假山、五针松等北方树桩盆景为绿植，住宿分为大火炕和床两种，营造北方深厚的民居氛围；就洼地造江南水乡，动感灵异。地面可以用竹木铺装，这样做有两个目的：1. 吸收水汽；2. 营造南方气息。以吸水山石点苔，辅以竹丛、棕榈、酒瓶兰等南方花卉做室内绿植，达到住北似南的意境。为了体现人性化，在农庄的每个住所的门前一段甬路，我们采用碎石间草铺装。这样有利于在雨季雨水渗透，同时也可以防止雨水溅激起泥水污染路面，进而弄脏室内。

入口

原生态小屋

休闲小屋中的家具都是具有田园风情的生态家具，这些家具是通过真鱼、碧草、奇木、怪石、沙底等自然之物在水族箱中营造出和谐的海底世界，完美的将水族融于家具用品中，让家具既有装饰性，又让动植物融于游客的居室中，生长在水族箱中的植物，经光合作用释放出氧气，并通过水分的蒸发对室内空气进行自然加湿，达到了“天然氧吧”的效果，为游客营造出自然、简朴、高雅的生态环保绿色空间，使身心疲惫的游客在这里可以领略和享受到崇尚自然、返璞归真的田园风情。

为了体现农庄的观光特点，我们农庄根据不同区域的划分。分别修建了法式、意大利式建筑，并根据建筑特色模拟当地的植物群落栽植植物，使游客或居民可以领略到世界各地的田园风光，还可以进行枯山水制作，参与布局、划痕体会大师的乐趣。

巴西风格建筑

法国风格建筑

意大利风格建筑

英国风格建筑

第 165 问 如何提高农庄的可观赏性？

答： 为了提高农庄的观赏性，我们在农庄的田野间、草丛中设置了动、植物造型小品或垃圾桶来增加趣味性。

蔬菜造型小品

农庄中的特色小品

第 166 问 如何在农庄规划养老、 修养区？

答： 随着中国城市进程的加快，老龄化人口的增加，围绕着“养老”问题所引发的一系列社会问题，越来越受到人们的关注。

中国是一个有着几千年文化传统的社会主义国家，“老有所养”更是家庭幸福和谐的一种新型的养老模式，在这样一种社会背景下，观光农庄在园区设计时应注入这些思考，由于农庄中的植物群落繁多，风景秀丽，景色宜人，尤其在春、夏、秋季节：春天草长莺飞，花团锦簇，宛若大花园；夏季和风细雨，鸟鸣啾啾，形成一个天然大氧吧；秋天硕果累累，浑似御果园。这些对老人来讲都是大有益处的。因此，农庄应专门设置老年休闲养生馆，为现在和将来“托管养老”提供更为便捷和实用的环境空间。在这里，农庄依地形堆砌了山石园、采药圃，并请专业人员栽植了花境，使老人们在不同时期均可观赏到不同色泽的鲜花美景。同时，不同的时期举行不同的花展和品果会，老人们可以赏花品果，颐养天年。

幸福的老人

“居家养老族”一天中大多数时间是在居所中渡过，而观光园居所的外部环境则是老人在室内活动到室内活动的一种空间延续，观光园通过景观设计为老人们搭建一个融入社会的交流平台，人性化的建筑设施，在“居家养老族”的环境中可展开一系列活动项目营造出具有亲和力的环境空间，满足老人们生理与心理上的要求。

老人们由于身体素质和其他各方面的影响和限制，他们的去处和活动内容比较单一。根据这一特点，居家老人族的环境景观设计归纳起来有以下几个空间布局：

散步和慢跑是老人最常见的活动之一，为了提高实用性，整个农庄除了特定道路外，小区二级道路的规划可结合老人喜欢散步与慢跑的特点，设置200m 与 400m 的活动道路，同时可在各主入口和入户口道路与回家的道路旁设置可以识别的小品和标识，或用不同的植物凸现不同标识，林间小路多采用鹅卵石与板岩相结合的面层镶铺形式，人们步行其上，可以起到足底按摩的作用，达到行走健身的目的。

园路

在阳光充足的地段，路的两侧用直径3cm的镀锌管或竹竿搭架作天棚，其上爬葡萄、瓜蒌、南瓜、葫芦等瓜果或凌霄、金银藤、牵牛等花卉，即可遮荫，又可起到美化环境的作用。在疏林草地、景观一侧等处设置休息空间，这些安静的景观空间夏季浓荫密布，凉风习习，冬日阳光充足，视野开阔，居住者及游人可以在这样的景观中互动交流、休憩、聊天，感受自然的清新，明媚的阳光、娇艳的花草、新鲜的空气，可以达到提神醒目、舒筋活血的健身功效。

居住区间的绿化空间则可设置一个蜿蜒的小溪，碧水环绕，在小溪两侧设置少量的座椅便于休息。同时，结合运动器械，利用落叶和常绿乔木布局成半阴半阳的树阵广场，夏日散步于荫凉之中，冬日可嬉戏于阳光之内，以供晨练的老人进行舞剑、集体舞或打太极等活动。

在老人休闲区的一隅可以设计"怡情花园"，利用植物栽植与园艺操作等一些简单的劳作，来展示"居家养老族"的个人技能和成就感，让他们在体会参与获得成就的同时，增加操作技能、记忆的交流。这不仅是对老人身体的一种生理机能调节形式，更是一种社会活动，为老人排除孤独并带来身心的娱乐与轻松。

第167问 农庄娱乐如何管理收费?

答： 1. 免费项目。免费娱乐项目包括儿童乐园的踩滚筒、跷跷板、秋千、登高和农家动物园参观，在这里游客还可以免费观看小动物表演，还可以捡拾柴鸡蛋，每枚收费壹元。

2. 收费项目。为增加观光园的收入和减少管理支出，观光园的娱乐区和广场周围设置的娱乐项目及小吃摊位，可以是由个人承包经营，由观光园进行管理，整个园区内的所有经营户均由园区配发工作人员标示牌，没有工作服。正式园区工人配有工作服装。

表4.3　陆地娱乐项目收费参考

序号	项目	单价(元/人次)
1	蹦极	60
2	攀岩	30
3	激流湧进	20
4	空中滑索	10
5	海盗船	10
6	美人鱼	10
7	摩天轮	10
8	撑竹排	10
9	卡通城	10
10	仿真气泡	10
11	代步车	10
12	诸葛马	10
13	豪华木马	10
14	弓弩射箭	10
15	沙漠摩托	10
16	空中追击	10
17	太空漫步车	10
18	疯狂老鼠	10
19	神州飞碟	10
20	电动跑车	5
21	碰碰车	5
22	豪华飞椅	5
23	八爪鱼	5
24	时代战车	5
25	狂牛	5
26	小飞机	5

第八节 餐饮区

第168问 什么是生态餐厅？

答： 生态餐厅是作为一个以农业为主题的观光农业园必须配设的一个项目，观光农业园具有得天独厚的蔬果农产品资源，通过内部设立生态餐厅，一方面可以为前来观光休闲的游客提供一个品尝园区自产蔬菜的场所，方便游客的用餐；另一方面也提高了农产品的附加值，使园区的产业链得到了延伸，园区生产的农产品能很大一部分实现内部消费，降低运行成本。生态餐饮一是要体现就餐环境的生态美、自然美，需要造就一个四季如春的舒适、绿色餐厅环境，需要把现代温室和传统建筑进行巧妙结合，实现植物景观与用餐环境的协调统一。二是要体现餐饮本身的生态特色，不能照搬城市星级饭店的菜肴，要把园区自产的瓜果蔬菜和野菜、可食用昆虫、养殖的水产品等推上餐桌。三是餐橱下脚料的处理要实现生态利用，可以考虑加工粉碎后做饲料，变废为宝。

生态餐厅是针对现代温室效益低下而推出的温室与餐饮有机结合的新模式、新概念，生态餐饮业是在我国北方首先发起并迅速发展起来的，以大型温室为主体建筑，内部进行园林化、生态化布局设计，创造一个温度、光照、湿度适宜，四季如春的休闲和就餐环境。除了栽培各种四季常绿的景观植物以外，一些观赏兼食用的蔬菜和花草也成为生态餐厅的新景观。它具有"流水绕幽木、小径通亭台"的特点，更加注重人与自然的和谐，外观造型美观，恢宏大气，匠心独具的内部植物配植与假山、小桥、瀑布、流水等造型小品结合起来，为解决温室餐厅视野小的缺陷，以"大空间、舒适、环保"为设计理念，温室全部采用玻璃或PC板覆盖，使内部视野开阔，宽敞明亮，温室外部的植物景观可以渗透进来，为枯燥的室内空间带来一派生机，霎时间将人与自然的距离拉至最近，并通过温度、湿度的控制，达到室内四季如春的效果，为游客营造出一种舒适、绿色、健康的就餐环境。游客置身于其中，既能感受田园的韵味，又能享受美味佳肴，在浅斟小酌之余，坐看云卷云舒，日落星起；全心体会健康、休闲、用餐的田园情调，另外利用园区生产的各种无公害产品，让游客品尝到最新鲜的瓜果蔬菜。

第169问 生态餐厅有哪些特点?

答: 1. 即采即餐的生态餐厅，让你体会到什么是真正的新鲜与美味。

观光农园规划中，生态餐厅是必不可少的一个主要部分，它为观光的游人提供餐饮服务，是观光园经济收入中的重要创收主体。为游人提供具有本地特色的农家菜肴与传播饮食之文化，特别是一些原汁原味的农家菜已成为城里人追求返朴归真饮食文化的主流，所以近年农家乐式的餐饮经营特别红火。但是真正含义的农家乐是利用农园自己生产的农产品，结合特色而简易的农家厨艺而形成的特色餐饮，不是如目前许多农家餐厅一样，只是餐厅的地址进入了农家环境，所用的菜料还是从菜市场进货获取，失去了真正农家乐的含义。如何构建真正含义的生态餐厅对于业主来说是极为重要的，它是竞争力形成的主体与核心，如果你能让客人看到感受到一种放心的新鲜的蔬菜瓜果或鱼禽等产品是源于园区的自己的基地，源于无公害的生产方法或者有机耕作，会让客人自然地产生放心感，对于提高回头客是极为重要的。生态餐厅的另一层含义就是用餐的环境是生态的，现在很多经营者为了体现生态餐饮的特色，已经把蔬果生产和观光采摘也结合起来进行经营，出现了很多的“前店后园”模式。把生态餐厅建在前面，后面或周边再辟出几十亩甚至上百亩土地进行蔬菜和花卉、果树的生产，一方面是为了满足餐厅优质、安全蔬菜的供应，同时也为客人提供一个茶余饭后休闲观光、采摘的场所，以带动餐饮的可持续发展。最好是在瓜果藤架下，在鱼池流水旁，在清静舒适的自然环境中或人工调控的温室大棚内。这是游客对环境的要求，也是用餐环境回归生态自然的具体体现。目前，建造较好的生态餐厅往往在一个四季如春的人工可控的玻璃温室内，里面光照适宜，温湿度宜人，处处瓜果花卉装饰布局，置身其间让人感受真正的自然与生态，抬头可见瓜果，俯身可见游鱼，倚栏可触花草，是一种与自然与植物贴得最近的用餐环境，才是真正含义的生态餐厅。

随着生态概念的不断深入及经营者的别具匠新与创造，就是点菜的方式与厨房的环境也变得极为生态，你可以走进点菜大棚，指点着正在生长的绿油油金灿灿的花果蔬菜即点即采，体会到真正的放心与鲜活。也可以在厨房内设计成层架式或管道式的栽培系统，可以用水培或气雾方式陈列着各种各样正在生长着的植物，也同样能令人感受到新鲜与放心。当然这种生态点菜的模式需要蔬菜栽培的环境洁净化，无土化，最好是采用气培与水培，避免影响环境的有机肥耕作，如果是有机耕作也需经微生物处理除臭后的液肥进行水气栽培，这种洁净化的栽培模式，不仅可以实现免农药生产，又可以让人感受到生产过程的真正清洁卫生。你可以在餐厅旁建立蔬菜工厂或气雾栽培农场，可以观光又可以让客人即采即餐，感受到一种绿色与放心。

2. 品尝生态环保健康的现榨饮料，回味纯天然的清香与甘美。

目前观光园的饮品消费大多还是采用工业化生产的瓶装罐装饮料，这些饮品的生产过程因工艺的原因，会添加色素与防腐剂，以及因高温杀菌破坏了原料中原有的营养物质，使它的环保性健康性大打折扣。而观光农园的建设宗旨就是营造绿色农业生态，使游客品尝到纯天然，最环保生态的果品蔬菜，如果带入大多工业化食品就失去了其本身的意义。为了创建最为环保与生态的现代农庄与绿色的生态餐厅，最好采用观光园自身生产的绿色农产品，进行简易的榨汁加工，为消费者提供原汁原味的营养保健型天然饮品，这不仅仅是一种经营的创新也是未来饮食文化的趋势。

3. 沙发吧，Lounge 风格会很快成为观光农庄中一种风情，在夜色中蔓延。目前，无法给它确切定义，只能用氛围来形容，它所营造的那种懒散的、不激烈的、那种小野丽沙的声音和暗红颜色的氛围，在无压的气氛中坐在暗色的沙发里，周围是木质的波浪洞穴，原木色的梯度荡漾在身后，仿佛置身于罗马歌剧院和雅典的神殿的小型空间，这里有柔和的灯光、纯木墙壁、太空舱式的包厢，舒适而自然，游客在这里随便喝一杯咖啡、一杯鸡尾酒或喝上几杯非常地道的爱尔兰黑啤酒，感觉啤酒花在体内舞蹈。这里的音乐不是强有力的电子音乐或性感的 Hip. Hop，而是以慢摇为主，有一种别致的味道。

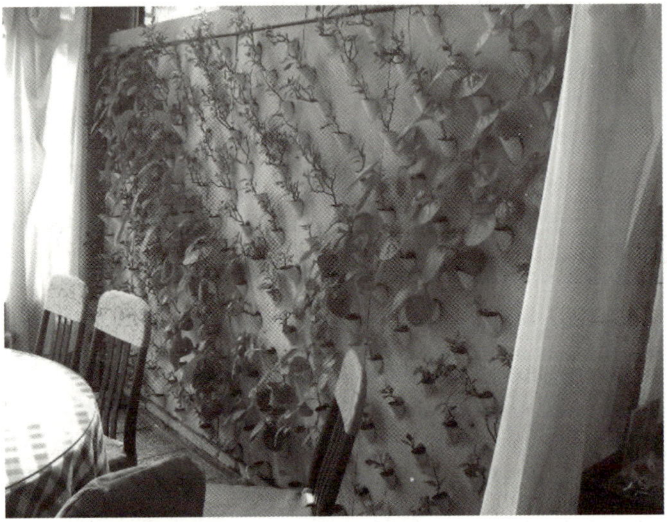

可自行采摘的生态雅间

在这里，Lounge 衍生成为一种生活方式，人们可以去楼上的露台，深陷在沙发里，看着浩瀚无垠的四野感受绿浪滚滚和仰望蔚蓝的天空看天边云卷云舒或繁星点点，心情舒适自然而放松，游客在农庄中象进行一次有些迷幻的旅途，走走停停，走到哪里都是正确的，停在什么地方也都没有什么不对，随行随心，借着那些慵懒的风把心中的繁重吹散在空中，四处都是繁华、忙碌，而游客在这里却可以拥有一颗慵懒的心。

第 170 问　生态餐厅如何管理？

答： 观光园的绿色农家饭庄，饭庄可以设有农嫂料理、绿色快餐、高档生态雅间，这是观光园自己经营的餐饮项目，每天可接待游人进餐，所用的原料多为园区内的农副产品，这里所销售的农副产品要观光园自产的，这样做的优势是在保证饭庄所用原材料卫生安全的前提下，使这些作物产品的产值大大提高。同时，饭庄内的景观布置也要独具匠心。例如：高档生态雅间即采用 5cm 厚的聚苯板双层中加海绵的方法与管道栽植蔬菜相结合，立体种植空心菜等叶菜型蔬菜，食客在这里可以吃着可口的农家饭菜，看着两边墙上绿油油的蔬菜，充分享受绿色生活。当然，游客也可以到采摘园自己选择采摘蔬菜要求饭庄进行加工食用，所产生的费用则须加上果蔬采摘差价。注意此处不可以用果菜类蔬菜做隔离墙的装饰，否则会因为果菜的重量导致蔬菜倒挂生长，影响观瞻。如需用此类果菜来分隔，可用无土栽植的种植槽栽植植物，然后用牵引的方法引缚生长，同时要注意利用粘虫板粘虫，防止虫害。除生态雅间外，饭庄内还有各色小吃，但这些可以发包给个人承包，所

饭庄内的石碾

用的原材料多为观光园的农副产品，同时，这里还可备有石碾和各色杂粮，游人可以在此处将买来的农作物自己推碾子加工粗粮，然后要求工作人员代做饭食食用，在劳动中体验生活的快乐。

第 171 问 适宜农庄餐厅的榨汁有哪些？

答： 常见的榨汁的有

1. 麦苗汁。麦苗汁因含丰富的麦绿素而成为当前国外最为流行的保健饮品。用芽苗培育法生产出鲜嫩的洁净的带根麦苗后，直接可以投入榨汁机榨取，但为了让其减少青草味，提高适口性，配入一定量的柠檬汁与冰糖，可以调配出独具风味的天然饮品。当然其它的如抗癌的苜蓿荞麦苗也是一种榨汁的好原料，还有葵花籽，它含丰富的维生素 E，也可制成保健饮料。

2. 瓜果蔬菜汁。气雾培的叶菜，如青菜、白菜、萝卜、菠菜等，只要其生产过程洁净化也是一种很好的榨汁原料。当然瓜果是最自然口味最天然最易被消费者接受的好原料，如西瓜汁、番茄汁、黄瓜汁、百香果汁、柑桔汁等。这些也可作为蔬菜汁的调料，配成组合饮品。

3. 药草汁。这是纯功能型的榨汁饮品，如气雾的人参、明日叶的根、明月草的叶与茎、雪莲果的叶与根茎、还有牛膀、紫锥菊等，这些原本也是药膳之配料，把它作为榨汁原料加入糖与柠檬汁或其它瓜果一起榨制，就是一种功能型的天然饮料。

采用现榨制取的饮品一方面可以带动农产品的消费又可以让人感到天然与保健，同时也可减少园区商品饮料的包装污染。在观光园中结合这种模式与经营思路，可以大大提高你的核心竞争力，是现代观光园的一大饮食创新。

第 172 问 农庄餐厅榨汁要注意哪些问题？

答： 必须结合生产过程的洁净化与免农药化生产，不是所有的现采瓜果与蔬菜皆可榨汁，一些土壤栽培的蔬菜就不宜随便采用，它因耕作过程的土肥污染常会带入大量的细菌，特别是有机肥栽种的蔬菜，往往大肠杆菌超标，不能直接作为榨汁作为蔬菜饮料使用。必须是采用无土的洁净化的水培或气培蔬菜方可作为榨汁原料，而且它的生产过程必须是全闭封无任何病虫危害及农药化肥使用过的蔬菜产品，否则皆不宜作为榨汁原料。如果蔬菜汁通常是采用气雾法生产的为好，这种蔬菜维生素的含量就大大超过了土壤栽培的，而且它生长于悬挂的空气中，洁净化程度比任何一种生产方式生产出来的蔬菜都要清洁，再加上它含水量丰富，叶片特别的新鲜与脆嫩，是榨汁的好原料。另外，用量最大而且最为方便的是采用气雾基质法栽培的各种芽苗菜，它在生长过程不用任何化学物质(包括营养液)，是在清洁的水雾环境下完成生长发育的，而且它是种子发芽所成的幼苗，营养特别丰富，而且保健功效明显，大多数的芽苗菜品种还是一种功能保健型的食品，再加上榨汁制取，营养成份没有点滴的破坏，是一种真正原汁原味的现榨饮料。其次，就是甜玉米及瓜果，它是目前使用最多的原料，而且出汁率高，榨取方便，自身的甜度与营养，以及适口性皆较好，最易为消费者所接受。

第九节 新品种、新技术研发区

第 173 问 为什么要设置新品种、新技术研发区?

答： 农业观光园作为一种新型的公园形态与旅游方式，规划所涉领域极广，它是农学、林学、牧学、水产学、农业经济学、生态学、民俗学、旅游学以及风景园林等多学科的综合体现，是按照公园的经营思路，把农业生产场所、产品消费场所和休闲旅游场所结合于一体。在功能上建立蔬菜区、水果区、花卉区、高新区、服务区等区域兼具的综合农业公园。在利用方式上，是在园内将某一农作物的观赏、采摘、制品及其有关的品评、写作、绘画和摄影等活动融为一体，提高农业园的经营效率，丰富游览乐趣，增加园区收入。所以说观光农业是一项各技术、各学科、各领域高度集成的现代农业新模式，它的开发是现代农业的标志，是现代农业的引领与展示，是地区农业科技发展程度的综合体现。

高新示范区是园区的核心区，对于展示我国当前农业的高新技术成果及让游客了解认识未来农业的发展模式，具有很好的引导教育作用。该区主要以数字化智能化自动化农业的运用为重点、再结合遥感农业与信息农业，充分表现了计算机技术及各项物理技术、信息技术在农业生产上的运用前景，如智能化养殖、温室环境的计算机管理等等。通过这个区的参观增强游客对我国农业的信心，认清与发达国家的差距，增进民族自尊心与民族精神。

第 174 问 什么是农业远程控制及遥感技术?

答： 农业工业化、农业信息化、农业数字化、农业精准化等已成为新时期农业的四个现代化，这些新概念农业都是基于现代工业技术、信息技术、控制技术、计算机技术基础之上的高新农业生产模式。是科技发展到一定阶段所形成的新型农业耕作技术，它在传统农业基础上集成了高科技成果，使设施农业生产变得标准化、规范化、省力化、自动化、精确化，这样就能达到最适合植物生长环境，最大发挥植物生长潜力，产出率最高的优质农产品与无公害安全食品。只有这样才能让劳动者从生产中渐渐解脱出来，成为智能型的农业生产方式，人的因素与作用由体力型变为决策操控型，不需直接参予农耕活动，只需掌握这些高科技集成的人类外延设备设施就行，让生产变得极为简单，让耕作者从田间返回到办公室，从繁重操作变为轻巧化、智力化的耕作，这是未来高科技农业的前奏与模式展示。观光者从中可以领略到现代科技的神奇与农业耕作的新概念，真正认识与体会新农业所带来的技术变革。

特别是远程控制与遥感技术与农业的结合，劳动者可以彻底从农耕环境中解脱出来，走进白领的工作室，你可以操作键盘与手机，就可以操控远方的基地，这是农业时空的一次超越，也是未来农耕的主要发展方向。在原有自动控制技术之上结合遥感信息传送与远程通讯技术基础上，集成了这种可以脱离现场的远程农业。基地的环境参数，甚至是植物生长的生理参数都可以通过控制计算机的传感器，实行温、光、气、热、肥、水等参数实时传送，可以是网络传送也可以是无线传感传送，如果结合生理传感器，还可实现光合效率、蒸腾速率、水势、呼吸强度等生理指标的实时检测传送，在智能专家系统的判断下，实现最准确的植物生长模式控制，创造出最适合植物生长发育的环境因子与肥水条件，让植物生长在一个最优化的环境下，发挥出植物最大的生长潜能，这是未来工业化农业生产方式的主要模式。

通过这种新型模式的展示与演示，让人们认识到现代农业的伟大成果，与未来农业的美好前景，激发人们热爱科学、热爱自然的伟大情怀，特别是学生，可以对这种以工业技术为基础的现代农业产生兴趣，激发学习激情，为未来生物技术人才的培养奠定认知基础。也可以通过展示与交流，促进我国高新农业技术产业的发展，让更多有头脑、有素质、有资金的老板投入到新型农业发展领域中，加快新农业的发展与普及，对于推进高科技农业的产业的发展起到了极大的示范与推动作用。

第175问 什么是垂直高效的生态农场？

答： 观光农场大多在土地资源紧缺的都市近郊，如何生产出高产优质的农产品，成为我们要思考解决的主要问题，更是当前科研工作者要研究的科研课题。当前农业发展大多是以有限的平面耕作为主，它存在着扩张可耕面积的局限性，而空间是一个无限可扩张的资源，如何实现空间耕作(空气耕作或天空耕作)就是垂直耕作的技术所在。它可以让单位面积的利用率数倍数十倍地提高，对于解决未来新增人口的食品问题来说，是唯一的出路与思路。而观光农场则可实现小面积大利用，室内或温室栽培作物已成为一项较为成熟的模式，但它的空间利用率通常还是限于平面，没有向更广的空间拓展。垂直耕作就是结合建筑技术、设计技术、工学技术、植物生理学、栽培学、微生物技术等所集成的一种立体式多层次人工环境耕作方式，它分为室内耕作型与温室耕作型两种。

室内耕作型将会以植物工厂的环境控制技术为核心，应用 LED 灯做补光光源，以多层次立体模式为主要体现，于市区或郊区建立一幢幢摩天耕作大楼，内部的设施完全采用自动化与智能化，外部建筑完全采用全透明的透光材料构建，地下空间则是一个动力系统或者是控制系统，也可以设计成城市废物的管理与发酵系统，甚至是室内养殖系统，整体的设计就形成了未来的食物支持系统。耕作大楼的设计可以使土地利用率数十上百倍地提高，当这种模式成为未来耕作的主要模式时，远郊的边远的耕地就得以自然的生态修复，恢复以前草茂树旺的生态环境，这对于地球总体的生态环境来说是一大贡献。采用该模式生产，没有自然的灾害性气候影响，可以稳定地生产农产品；没有病虫害的传播与滋生，可以减免农药的利用；没有杂草的生长条件，就不需动用化学除草剂，隔绝了自然环境的污染源完全生产出高档的绿色安全食品，而且可以消化城市废物实现城市的可持续性与生态环保性，减少了运输矿油资源的消耗，降低环境的废气污染与气候环境的人工恶化，高度集约的设施化生产，减少了劳工的投入，实现了高效率的管理运作。这些优势是城市垂直耕作最为明显的特征与竞争力。

室外垂直耕作类型，可以是温室内，也可以是简单避雨设施的环境下，进行多层次的立体耕作，是节省能源型的一种垂直耕作模式，我国目前生产力水平还较低，以后相当长的一段时期内主要采用垂直耕作法。目前最为科学合理先进的垂直耕作农场，大多是结合了气雾栽培技术，因该技术是以雾化的方式为生产植物提供水气肥，较便于空间的布局与设计，也利于植物的高效生产与工厂化实施。具体的空间设计一般采用层架、管道、桶槽等材为来构建立体的垂直种植空间，利用转子与滑轮，来实现栽培组合的转动与上下移动，这样便于对自然光照动态综合的科学利用，让耕作的作物光照均匀而有保障，不会像普通垂面带来的光分布不均匀现象，而导致产品品质及产量的不一致性，光照足的顶部空间会长得更好，而底部常因光照不足而导致生物量下降，采用可转动的栽培组合，与上下可移动的设计，可以让垂直耕作的产品达到较好的一致性，当然如果结合光照传感技术，就可以实现整体农场或栽培单元的随光转动或上下移动，让光的利用率达到最高效，生产过程如果再结合补光技术，就形成了更为完美的模式。常规设计的光照利用型垂直农场，一般可以使单位面积利用率提高 5～6 倍，如果栽培草莓品种，它的效率甚至可以提高到 24 倍以上，是一种效率极高的高科技生产方式，在观光农场及未来农业发展中，必将成为一项解决土地问题或人口剧增后食品安全问题的主要技术路径。

垂直农场是人类面对土地资源及传统农业生产局限性后，形成的一种新型农业耕作制度，它是人类抵御自然灾害与解决生态可持续循环问题的一种重要手段，也是当前观光农园高科技发展趋势展示的主要内容，可以给观光者以新鲜的感受，感叹科技的神奇与伟大，更是观光农业农产品自给制度的食物保障体系，在观光农业运用上极具科技示范效应与社会生态效应，是一项可以推广的现代农场建设新技术。

第五章

观光农业园区的经营管理

第 176 问 为什么要进行观光农业园区的经营管理?

答： 农业生态观光园区项目建设是一个系统工程，由于系统工程有其内在的规律，需要通过与之相关的管理模式、管理程序、管理方法、管理技术去实现。需要有专门从事项目管理的组织群体为之服务，该团体应有与项目管理相应的功能、机构、程序、方法、和技术，能够为项目区域内的农民创造最大限度的效益，实行总经理负责制和逐级管理、逐级考核的直线分层次管理体系。

第一节 组织机构

第 177 问 园区基本组织机构设计的指导思想是什么?

答： 园区组织机构建议采取以下模式：近期按照“政府主导、企业主体、市场运作、项目带动、科技参与、多方受益”，远期按照“政府引导、企业主导、科技支撑、打造品牌、农民富裕、互利共赢”的指导思想进行组织、运作、管理、经营及实施。

在园区组织架构中，在当地政府的支持帮助下成立现代农业生态观光园区管理委员会。

第 178 问 园区组织架构部门的职能有哪些?

答： 1. 园区管理委员会。园区管委会是当地人民政府的派出机构，主要负责园区的发展规划、基础设施、组织协调与中介服务等工作，不参与园区生产项目的经营活动。

2. 专家咨询委员会。由省内外农业高等院校、科研单位和龙头企业的相关专业的专家，组成园区发展专家委员会，专家涉及战略、农业、设施、旅游等多领域，为园区建设与发展提供全方位的指导与咨询。

3. 园区管理公司。园区管理公司及公司下属各部门是由管委会成立的运作实体。公司负责园区的管理实施，在管委会的指导下工作。下设办公室、项目开发部、规划建设部和企业管理部，各部门根据业务范围承担相应的职责，分项执行。

4. 办公室。负责制定相关规章制度与园区管理办法，维护园区网站与信息宣传，并负责组织各种大小型会议的组织策划与服务工作。

5. 项目开发部。负责园区项目招商引资，并负责联系企业进行申报项目及监督其完成情况。在园区后期建设中，则主要负责园区的对外宣传。

6. 规划建设部。负责园区建设规划，组织招投标、工程质量监督并组织验收；负责园区内水、电、暖及道路、绿化等基础设施的管护和维修。

7. 企业管理部。对入驻园区的企业进行监督和管理，同时做好入园企业投产后的管理服务工作，协调企业与农民合作组织、雇佣农民之间的关系。

第二节　农业生态观光园区的运营模式

第 179 问　什么是土地流转？

答： 园区一部分属于园林景观，一部分属于耕地和基本农田。建议在尊重农民意愿的基础上，耕地和基本农田的土地使用权以合同的方式交由村委会统一管理，土地使用权以合同的方式出租、转包。园林景观的土地使用权政府通过“反租倒包”的方式，即园区土地经过政府的基础设施建设、改善生产条件后，重新承包给企业。

村集体代表农户与企业签订土地租赁协议，视土地性质变更状况和租赁年限设置不同的利益补偿机制，利益补偿额度随租赁年限加长而递增，同时安排失地农民入股专业运营合作社或转化为产业工人。同时建议在土地流转时应明确可以用于流转的土地范围，建立土地流转合同制度、补偿制度等。

第 180 问　农庄投融资应如何进行？

答： 运用市场化的方法，采取多元的资金投入机制来保障园区发展的投入，拓宽资金筹措渠道。结合整个农业园区的建设，将项目区一大批具有发展前景的优秀农业投资项目，通过各种方式招商引资，广泛吸引社会资金参与建设。在项目区基本建成后，积极引导鼓励附近农民投资经营其中农业项目。

园区除通过向上级政府申请财政支持外，还将运用市场化的方法，采取多种模式，按照“谁投资，谁受益”的原则，积极鼓励企业、个人及外资通过带资开发、土地使用权有偿转让、入股等方式投资，逐步形成政府、企业、个人为主体的多元化、商业化投资格局。

1. 通过一系列合作项目和建设项目的申报，向国家、省部、市里及上级相关部门申请政策性资金。

2. 通过土地流转、征收，将部分土地的使用权有偿转让给入驻企业，换取企业的带资开发，以土地为担保，向银行贷款融资。

3. 吸引国内外大企业、财团直接投资园区合作项目。

第 181 问　如何进行农庄内的项目运作？

答： 根据园区具体的建设内容，园区的实际运作采用自主经营、以商招商、反租倒包、农民合作等多元化的形式，并且引入现代企业管理机制。同时以农业高等院校及科研院所为依托，通过技术转让、合作开发、技术培训等方式，为其提供农业相关方面的技术支撑。

其中，园区示范区主要采用“反租倒包，农户合作”的经营模式，即园区土地经过政府的基础设施建设、改善生产条件后，重新承包给农户、企业。项目区周边的农户，可由村委会牵头成立农村专业合作社，使其成为企业和农户之间的桥梁。企业负责制定绿色蔬菜生产技术规范和操作规程，对农民进行技术培训，并对农资采购、生产管理、技术支持、质量检测、统购代销进行统一规范化管理，最终实现种养加产供销、农工商一体化经营，使分散的农户小生产转变为社会化大生产。此种经营模式将有利于发挥企业的龙头带动作用，对提升当地农业技术水平、促进现代农业发展、推进农业产业化进程发挥重要作用。

第 182 问　怎样使农庄成为农民合作组织？

答： 坚持“民办、民管、民受益”，“入会自愿、退会自由”的原则，围绕园区主导产业成立蔬菜产销合作社、水果产销合作社，组织农民进行林下经济和设施农业开发经营。通过向上联结市场，向下联结农户，开展技术培训及产供销服务，使农民有效实现与市场对接，提高农民组织化程度。

辐射带动区采取“公司＋协会＋基地＋农户”的运营模式，由政府牵头，出台优惠政策和补助，对辐射区建设与发展营造适宜的政策环境，为辐射区建设提供信息、科技、政策、法规、组织等方面的服务保障，促进园区快速高效发展。核心区的企业以高标准、高规格培育种苗，输出种源，同时与协会签订订单农产品。农户在自愿基础上，成立果蔬产业协会，协会内实行民主管理，发挥群体优势，独立自主，互利合作，为维护农民合法权益、实现增收增效为主要目的，在企业与农户间起着中介和桥梁作用。产品则主要销往周边市区。

第 183 问 如何进行农庄政策制定？

答： 为促进园区又快又好的发展，建议加快落实相关政策，如土地流转、土地小产权、专业合作组织、劳动力转移、招商等政策。

根据国务院、农业部、省级农业发展的政策，结合项目所在地的实际情况，建议园区管委会对转产转型的民间资本从土地供给、税费支持力度、扩大投资领域、帮助转型企业升级转型、简化转型企业审批程序、支持和帮助转型企业融资和自主创新、保护其知识产权、保障投资商及亲属就业就医、子女就学、购置房产等各方面给予民间资本投资商优惠和便利。比如根据企业实际投资情况，可以考虑对入驻园区的农业生产性企业，经营期在 10 年以上，从开始获利年度起，实行两年免缴、3 年减半缴纳企业所得税；投资 500 万元以上，可以低价租赁土地给投资者使用，使用年限可长达 70 年，但不得用于抵押、转让、转租，不得改变用地性质。

第 184 问 农庄如何配合新农村建设？

答： 根据集镇和中心村规划、土地利用规划，在尊重农民意愿的基础上，采取“因地制宜、分步实施、突出特色”的原则，将项目区周边建设成高标准、特色化的新农村。

随着各地区新农村建设的全面启动，通过重点打造示范村和重点推进村，加快新村道路建设、公益事业建设和村容村貌整治，推进新村集中连片建设。在新村建设中，通过土地流转，由开发企业集中投入，统一规划因地制宜建设新村社区，按商业化进行运作。新村农民可以“以旧换新”或“宅基地换房”的方式，即用原有住房或宅基地申请换取新房，投入部分首付款，剩余房款在银行实行按揭，按揭款则由银行每月从农民转入的企业担保，在工资中扣除；加入合作组织的农民，其按揭款由银行从农合组织对农民的股金分红和二次收益分配中扣除。政府负责协调，确保农民合法利益得到保障，同时按照社会主义新农村建设要求，在社会保障、劳动就业、教育体制、公共卫生、社会管理、土地流转、金融体制、行政管理等方面制定相应的保障政策。通过园区建设、实施和经营，农民将有工资、土地入股分红、企业入股分红及农副产品收入、旅游服务等多种收入来源，以及新农村养老、医疗、教育多方面的保险保障，既保证了农户获得长久稳定的收益，企业得到了利益，又实现了农民的组织化和现代农业的集约化、规模化，保证了园区的可持续发展。

第185问　观光农庄的管理机制有哪些？

答： 根据园区建设的指导思想、建设原则和自身功能运作的要求，园区运行必须根据自身特点在运营管理方面有所创新，除了要建立科学、高效、精干的管理机构外，还需要营造完善、灵活、高效、先进的经营管理机制，具体包括：

1. 规范、有序的决策机制。决策机制的好坏直接关系园区运行的成败。规范、有序的决策机制主要体现在明晰决策主体、界定决策内容、规范决策程序、强化决策验证等。

2. 精确、严格的成本控制机制。建立科学有效的成本控制机制，优化资金利用结构，不断降低园区的运营成本和管理不善成本，全面提高园区的管理水平、执行力和工作效率，不断提高园区经济效益。成本控制机制的构建有助于统筹园区所处供应链的全面、协调和可持续发展，在执行的层面体现科学发展观。

3. 权责分明的责任约束机制。完善园区的内部管理结构，做到产权清晰、权责分明，明确界定园区农村、企业与员工之间的责权利关系，形成一套能提高园区产权结构效率的激励约束机制，完善绩效评价机制，建立权责分明的分层次运营机制，以期保持园区管理层长期稳定，充分发挥团队力量，最终实现利益最大化。

4. 奖罚分明的利益驱动机制。建立健全的激励与约束体系，使经营者与所有者、经营权与所有权、利益和责任有机结合，推行奖罚分明的利益驱动机制，做到奖惩分明，充分调动员工的生产积极性。

5. 有序的人才管理机制。建立健全有序的人才管理机制。一方面全方位引进培养技术型、管理型、市场开发型人才，促进人才集聚；另一方面，通过引智来获取国内农业科研院所或高等院校的人力支持，内部形成人才管理的良性机制。

6. 自动及时的反馈调控机制。产品从投入到产出以至到消费，工作从开始到结尾都必须建立一个始终相伴随的信息反馈机制，该机制的建立，既有利于保证企业执行力有效推行，还有利于园区运营的及时调控。

第186问 如何将农庄营造成人们休闲娱乐的胜境？

答：（1）路的形式。园路是贯穿观光园区的交通网，是联系若干个景区和景点的纽带。通过园路的引导，将不同角度、不同方向的地形地貌、植物群落等园林景观展现在游客的眼前，即形成一系列动态画面，即所谓的"步移景异"。在选择路面材质上，除主干道外，尽可能不用沥青柏油路面、砼砖路面，多采用板岩路面，仿生路面或彩色沥青、水泥路面、透水路面，或用直径10cm，长30~40cm木桩（下端削尖）钉入土中形成木桩路。同时，利用花砖铺地、镶嵌雨花石路等施工技法形成特色的园路，增加游客的兴趣。

（2）消除人工痕迹。在农庄建设中，努力将农庄建设成生态、自然的观光农庄，在其附属建筑上和小品的选用上，要注意自然、和谐，所用的材料材质亦不应与其周围的环境发生质的冲突。

富有特色的小卖

富有特色的豆芽小品

（3）合理利用雨水。为了保证观光农庄可以在一年四季都具备供游客游览的条件，整个园区的建筑除办公楼外，均应在温室内建成，温室高约6m，同时在每个温室四周均有排水明渠，道路及温室上的雨水均汇流入明渠内，然后经由主路两侧的暗沟排向雨水处理区内，每个支流汇入口均有过滤设施，排水沟上口宽约50cm，下口宽约30cm，深60cm，进入温室内的入口由5cm的砼制板连接成通道。见图：

明渠汇入暗渠口处的过滤设施

各温室周围的排水明渠

道路的雨水经入水口汇入明渠或主路两侧的排水暗渠，厕所等处的污水井化粪井进行除臭处理后亦排向排水渠汇入污水处理区域。

主路两侧的排水暗渠

明渠与暗渠的交汇处

餐厅内分捡垃圾的设施

(4)生物防虫。农庄内所有种植区均采用生物防治(天敌昆虫防治)和物理防治相结合的方法防治病虫害，选用低毒，低残留、药效广谱的农药和生物农药进行防治病虫。在果实采收前20天绝对禁止使用农药。栽培的蔬菜作物一旦进入采收季节，可能每天都有游客前来采摘，给病虫害的预防和控制带来一定的难度，必须严格执行“预防为主、综合防治”的传统植保理念。

①要做好园区露天环境、温室周围及育苗场所、栽培场所的环境卫生，清理一切作物残体，杜绝病虫来源。

②种子、种苗进行严格的消毒，规范操作过程，减轻人为将外界病虫害带入苗床和栽培环境。

③加强温室设施和栽培设施的防护，通风口和温室出入口应增设防虫设施、缓冲设施和消毒设施。栽培设施和营养液供给系统做好密封和隔离保护，减轻外界环境中有害污染物进入温室和栽培系统。

④栽培初期要密切注意检查和控制初始病株和虫源，把病虫害控制在发生初期。

⑤调控好温湿度和光照，调节好植株的营养与生殖的平衡，保持植株的健康生长，提高抗御自然灾害和病虫害的能力。

⑥采用新技术“环保捕虫灯”、“诱虫板”及“药物熏蒸炉”等设施进行病虫害的防治，减少农药直接喷洒到植物上的次数，减轻蔬果产品的污染。

整个园区均采用药物控长和化学除草相结合的方法来控制和防除杂草，增加土壤中有机质的含量。

(5)安排花期、果期。在休闲观光的基础上，要合理的安排各种开花作物与果树的花期和果期，进行观花、观果、观叶、采摘、品尝、认养等活动，使每个到农庄的游客每次来均有新的感觉，达到“盛日寻访慕水滨，湖光山色四时新。始终未识农庄面，万紫千红总是春”的意境。同时，通过认养管护，使部分游人成为农庄建设的一份子，令其在劳作中体验到无穷的乐趣。

第 187 问 观光农业园区的植物如何选择？

答： 在植物材料的选用上，应多选择冬季有果的植物，这样冬季树木所宿存的果实，将成为天然的鸟类饵料库，使农庄成为鸟、兽类动物的天堂。在农庄的水边、岛上大量种植亲水植物和水生植物，水中放养鱼类，以供水边动物(野鸭、鸭、鹅等)取食，使之逐步成为水鸟的乐园。同时，对这些野生畜、禽类加以保护，使之在农庄内可以与人们共生共荣，成为一体，打造自然、和谐、天人合一的境界。

同时，景观设计上还应体现出“野趣、冷趣、奇趣、人性化”四大特征：

野趣：观光农庄绿化在选用植物时，不再选用园林常用树种，而注重选择柽柳、千屈菜、香蒲、芦苇、红梢柳等湿生植物。修剪时打破传统的规则式修剪造型，植物在栽植时忌等距离或等边的植物栽植，而是采用自然式栽植；水、陆交界处的植物种植必须交替进行，贴近自然生长的景观效果，达到自然过渡的目的。

冷趣：冷趣主要是指花卉的颜色选择而言。农庄花卉配置中多以蓝、紫色花卉为主，白色花次之，红色花最少，以形成清净、淡雅的氛围，如选用鸢尾、马蔺、紫露草、藿香蓟、紫花矮牵牛、紫花地丁、二月兰等。

鸢 尾

奇趣：奇趣体现在“奇形树”的运用上，在农庄水系边选用一批奇形怪状的“残树”，有的树干已经枯死一半；有的弯弯曲曲、七扭八歪。这些树的比例为树木总量的15%左右，它们被斜栽成半卧状或卧状等形式，以体现其临水之趣，在地形突出处栽植卧状树木以突出其枝干的形状，体现出树木的惊险、顽强之意，同时达到自然湿地之效果。但在选择这类树木时，要注意避免选择“歪脖树”等不吉利的树型。

树木栽植示意

人性化：在进行观光农庄居住区设计过程中，考虑到人性化的概念，有意识地选择了一些具有香气或驱蚊作用的植物进行配置。如：丁香、薰衣草、鼠尾草、薄荷等。这些植物不但花色、花形十分漂亮，同时还具有较强的驱蚊虫作用。

鼠尾草

应用好当地具有较高观赏价值的植物，如野茶叶、曼陀罗、蓟、地肤等，这些植物是当地品种，种子结实率高，利用这些植物不会破坏当地生态环境，而且很有特色。地被植物栽植提倡播种与栽苗相结合，采用多种种子混播，将二月兰、石蒜、紫花地丁、石竹、半枝莲等种子混在一起撒播，通过竞争，适者生存，以便形成自然景观。

野花的效果

(6)人性关怀。为体现观光园的人性化，在观光园内按照 AAAAA 级景区标准建有供游客休息的游客中心，配备了免费的休息床位、婴儿车和残疾人专用轮椅。同时，这里还设有食品和旅游纪念品销售点，游客在这里可以采买便捷的食物，开水水箱这些免费的设施均配有专职人员进行管理。

第 188 问 观光农业园区都有哪些经营模式?

答： 1. 观光农业。作为一个观光农庄，应该把如何吸引人们的眼球，提高人们对农庄的感知度放在首位。在条件允许、技术力量具备的前提下，有选择地引进一些新、奇、特的动、植物品种来提高人们的感性是必然可行的方式之一。因此，观光农庄就应把引种、驯化新、奇、特的动、植物品种放在首位。动物可引进鸵鸟、鸽子、梅花鹿、红锦鲤鱼等。植物可以引进黑番茄、红茄、南方果树等。

食草动物的饲料多采用苜蓿草和俄罗斯牧草等饲喂，这些牧草不仅营养丰富，而且花色艳丽，可以达到即是饲料又是花卉色块的目的。同时，同一种作物变换一种种养模式，新、奇、特的栽植模式也是农庄的一大特色。例如：蔬菜、果树的水生、气雾生栽培，不仅使果、蔬的种植模式得到改善，而且其产量品质都大幅度提高、经济收入增加。多年在土中生存的果、蔬脱

鸵鸟

温室内生长的木瓜

离了赖以生存的土壤，令人耳目一新，成为观光农庄的一大靓点。

为确保农庄内作物、果品质量，农庄内所有的作物、果树均不用无机肥，都是用农庄自己压制的绿肥或有机肥，对害虫的防治多采用生物防治和物理防治，为害严重时，选用低毒、低残留的农药进行防治。

2. 休闲农业。为了体现农庄的休闲、观光性，可以把繁琐的农事活动与

水生、气雾生、无土栽培的蔬菜

人们的游乐结合在一起，结合农时组织各种树木的观花节、采摘节，使人们真正的参与到劳动中去。在劳动中休闲，在休闲中劳动，体验丰收的喜悦。同时有益于小朋友，使之学到在课堂上学习不到的知识。

为了体现农庄的休闲性，不可在农庄中设置跑马骑射等娱乐项目，专门聘请专业人员对游人进行骑术培训和指导保护，并在活动区域做好防护措施，确保参与者的安全。

3. 设施农业。设施在农庄里来讲是多方面的：一是指辅助设施，例如具有高现代化意识的联栋式温室大棚，具有神秘色彩的水生果、蔬水上漂浮板等。同时，农庄采用了滴灌、微喷等设施，大大节约了用水；在建筑边或花丛中，有意识地设置了雾泉，喷出的水雾恰似“沾衣欲湿黄梅雨”，使人们在感受温、湿度适宜的同时，又有宛若天上的感觉。

联栋式温室

雾泉

第189问　如何处理农庄内的垃圾？

答： 鉴于园区垃圾场成分复杂，经长期氧化分解产生的有毒液体、气体、以及产生的微生物病菌等，对周边环境造成严重影响，对园区地下水以及农产品质量安全构成严重威胁。只有对垃圾场进行妥善处理，才能保证园区各项目的顺利实施。具体措施如下：合理利用、处理生活垃圾保证饭庄的洁净，可在每张餐桌下放有垃圾分拣袋，游客用完餐后由工作人员进行分拣，集中处理。

首先，对原垃圾场进行重新处理，做陈腐垃圾再分类。如居民生活垃圾、商业垃圾、集市贸易市场垃圾等城市生活垃圾，建议采取填埋处置；不易降解物、有毒工业制品、医疗垃圾等有毒有害物，须另行单独处理。在处理医疗垃圾时，须先将医疗垃圾收集在密闭容器里盖盖。然后将这些容器统一装车，拉到统一处理的地方集中焚烧。焚烧后的渣子还要统一固化，用水泥将其包住，形成密闭的外壳，然后再进行卫生填埋；腐殖部分含量高的，可以作为园艺肥料；非有机部分，如煤渣等可作为建筑材料或直接填埋。另外，填埋场封场后不宜规划作为人类频繁活动或久留的地域，严禁建设永久性建筑物，规划时可考虑作为过渡性的用地。可在原垃圾场边道路设置 10m 卫生防护隔离带，填埋区设 8m 防火隔离带，靠近做绿化带。

第 190 问 人工湿地污水如何处理?

答： 考虑地上水受污染的程度，在利用地上水源进行农业灌溉前需进行拦水净化，所以湿地建设需要进行科学的工艺设计，以保证农业用水的安全性。人工湿地系统运行后，基质表面吸附大量微生物形成生物膜，发达的植物根系为土壤微生物供 O_2，污水流经时污染物被生物膜吸附，经同化及异化作用而去除。

在湿地净化处理中，不溶性有机物通过湿地沉淀、过滤被截留，继而被微生物利用；可溶性有机物则通过植物根系吸附、吸收及生物代谢降解过程被分解去除；除氮主要依靠微生物氨化、硝化和反硝化作用；除磷主要靠植物吸收、基质吸附过滤与微生物转化三者协同，还利用土壤对磷的吸附和沉淀作用；重金属去除通过植物——微生物——基质联合作用。

人工湿地水质净化工艺设计则主要包括湿地植物的选择、基质的配置和人工湿地的构造及工程参数三个方面。

1. 人工湿地植物的选择。在建造湿地时，植物的选取遵循下列原则：适地适种、耐污能力强、净化效果好、根系发达、经济和观赏价值高、重视物种间的合理搭配。

在项目区人工湿地绿化种植时，结合当地气候条件，有选择地栽种耐污能力强，去污效果好，净化空气、水质快，对负荷变化适应能力强，适合当地发展，根系发达，有一定观赏价值的陆生、水生植物。在项目区人工湿地栽植芦苇、香蒲、红蓼、水葱、拂子茅、莎草、千屈菜、狗尾草、猪毛菜等为主的湿地植物，在丰富植物群落及季相变化的同时，起到固定床体表面、提供良好过滤条件、防止淤泥堵塞等作用。

2. 人工湿地基质的配置。在湿地系统中，基质是植物的载体，是微生物的生长介质，它将湿地中发生的所有处理过程连成一个整体。对于基质的配置，主要考虑基质的种类、粒径、深度等，特别需要关注对磷的去除能力。在实际应用中，选择基质贯彻经济性与实用性相统一的原则，结合处理水中含有的主要污染物和湿地所处的地理位置，采用不同粒径及不同配比来进行有机的组合，所采用的人工湿地的填料材质有砾石、碎石、陶粒。

3. 人工湿地系统的设计。人工湿地的构造与工程参数是人工湿地工艺设计的核心，包括水力学特性、湿地床构型和配套设施的构筑三方面。其中，水力学特性包括水力停留时间、水力负荷；湿地床构型设计包括水力坡度、湿地床的长宽比和水位控制；配套设施的构筑包括进出水装置、隔板装置和防渗设施。

研究表明，水力停留时间对系统的除磷、除氮效果比较明显。综合各方面的资料：表面流湿地的水力停留时间以 4 ~ 8 天为佳；潜流湿地的水力停留时间以 2 ~ 4 天为佳。

湿地系统的类型和尺寸可根据所处理的污染物浓度和负荷来确定。实际设计时，需准确知道水中污染物的种类和浓度，再以日流量与某种污染物的浓度相乘即可估计处理负荷，根据该负荷以及推荐的湿地特定污染物负荷率就可选择相应的处理面积。

在湿地设计中，水力坡度的确定需综合考虑湿地类型、基质性质及湿地尺寸等因素。实践中，表面流人工湿地采用0.5% 或更小，潜流人工湿地采用0.5%~1%。

湿地床长度通常为20 ~ 50m。湿地过短，则有效处理面积过小，不能保证净化效果；湿地过长，易造成死区，使水位难于调节，不利于植物生长。湿地的长宽比不宜过大，建议控制在 3：1 以下。

水位控制通过系统深度来实现，是湿地运行、维护和调节的重要手段。常用的进、出水装置是穿孔的 PVC 管，长度与湿地宽度相当，均匀穿孔。在进、出水管的设置时，须考虑防冻措施，并在系统的必要部位设置控制阀和放空阀。

防渗设施的作用是防止湿地系统因渗漏而污染地下水，其设置方法有多种，可采用厚度为 0.5 ~ 1.0mm 的高密度聚乙烯树脂，或油毛毡密封铺垫等。需要注意的是，湿地处理系统必须保证进水管与出水管之间没有泄露现象。

第 191 问 农庄的河道滩涂如何治理？

答： 在地上水源整治中，要注意“控导护岸、随河就势、生物防护”的综合整治模式。

1. 控导护岸。针对河道弯曲多变，冲刷严重，河岸基础细软的特点，采用控导护岸的形式控制水流态势，对于河流下游，适宜采用磨盘丁坝结合护岸工程控制水流，其防护效果比较明显，基本达到了控制河流主槽摆动频繁的现象。

2. 随河就势。治理河道宜采取随河就势，不改变原有河道流态，顺应河势变化进行治理，既减少了治理工程量，又可减少由于破坏河势而新增加的险工险段。

3. 生物防护。在综合整治中，除了工程措施外，结合生物防护措施统一治理，在河堤内外两侧划出 15m ~ 20m 生物防护林带，以根系发达的低矮灌木为主，种植杨、柳等适种树种，河堤堤坡采用种植马兰、黄花菜、荆条、紫穗槐等固堤植物，既达到固堤护堤的目的，又能增加经济效益。

第 192 问 什么是循环农业技术？

答： 借助当地牛、羊规模饲养的优势，结合设施蔬菜种植规模，构建“种—养—沼—肥”的农业循环发展模式。

模式结构：采取“种—养—沼—肥”的循环模式，以土地资源为基础，以太阳能为动力，以沼气为纽带，种植业和养殖业相结合，通过生物质能转换技术，将沼气池、畜禽和日光温室等联系起来，形成良性生态循环模式。设施蔬菜种植，为养殖业奠定物质基础；秸秆青贮、发酵，开发秸秆饲料用于养殖；养殖场畜禽粪便生产有机肥，用于种植业生产；畜禽粪便进行沼气发酵，同时生产沼渣沼液，开发优质有机肥，用于作物生产。

1. 模式功能。该模式将原本分散的几种产业整合成一个完整的产业链，减少了交易成本，加快了物流速度，增加了农户的净收益。施用沼肥的设施蔬菜既可为城乡居民提供有机食品，提升了产品的竞争力，又改良了蔬菜基地的土壤、增加了肥效。同时，借助项目区便利的公路运输，将鲜奶制品、新鲜蔬菜运至城市及周边，既可满足市场对奶制品、蔬菜的需求，又有利于鲜奶、蔬菜产业的发展。

2. 模式效益。该模式具有较高的经济效益，除上述沼气、沼液和沼渣带来的效益之外，低碳农业技术体系作为低碳经济领域之一，从可持续发展的角度，实现了经济模式由高碳向低碳的转变，通过技术的创新和突破，发展生态高效农业，减少农业生产、经营过程中温室气体的排放，获得整个社会的最大效益。就项目区生产实践而言，主要包括能源结构优化与农业设施建筑结构改良、水肥一体化、物理农业防治技术及现代化成熟的作物栽培关键技术等。

(1)地源热泵技术。地表浅层地热资源的温度一年四季相对稳定，冬季比环境空气温度高，夏季比环境空气温度低，是很好的热泵热源和空调冷源，这种温度特性使得地源热泵比传统空调系统运行效率要高40%，因此要节能和节省运行费用40%左右。另外，地能温度较恒定的特性，使得热泵机组运行更可靠、稳定，也保证了系统的高效性和经济性。

地源热泵是目前市场上效率最高、对环境最有利的取暖、制冷和热水系统，是可获得的减少二氧化碳排放量最大的单项技术之一，目前地源热泵技术可实现每吸收1kwh电能释放4kwh电能的热/冷效应。地源热泵技术可应用于管理服务中心、热带雨林和蔬菜科技示范园，实现四季恒温，在冬季采暖期(120天)单位耗能5kwh/m^2·月，相应减少5.4tce，避免了19.8tCO_2排放；夏季制冷期(90天)单位耗能8kwh/m^2·月，相应减少8.64tce，避免了31.68t CO_2排放。

(2)太阳能热利用技术及光伏发电技术。以太阳能暖房和太阳能热水器的应用为主。太阳能暖房主要利用现代化农业设施，包括连栋温室、日光温室等为农业生产服务。通过设施朝向和周围环境的合理布置，内部空间和外部形体的巧妙处理，以及材料和结构、构造的恰当选择，使温室能集取、保持、储存、分布太阳热能，同时，结合热增温技术，以太阳能集热器、管道、风机或泵、散热器及储热装置等组成的强制循环太阳能采暖系统，实现设施温室全天候循环供暖，弥补寒冷季节或夜间降温的不足。

太阳能热水器作为发展生态旅游业的附加设施，方便园区日常办公、生活及游客接待等，同时减少化石能源的消耗。据计算，采用太阳能热水器供热可节省日常用于加热水的电费、气费90%，每台家用太阳能热水器在其使用15年的期间，将会减少由于燃煤向大气排放的二氧化碳26t，一氧化碳136t，粉尘1120t，二氧化硫352t，氮氢化合物908t。

利用光生伏特效应原理把太阳辐射能转化为电能，通过植物补光灯为温室园艺作物提供光照，进行夜间补光；同时，为园区附加建筑物输送部分电能，以及利用太阳能路灯作为农业园区亮化工程服务。

(3)“能源生态型”沼气利用技术。畜禽养殖场污水经厌氧无害化处理后不直接排入自然水体，而是作为农作物的有机肥料处理利用，要求周围有足够的农田消纳厌氧发酵后的沼液、沼渣，养殖业与种植业的规模须配套。

养殖场污水通过排水沟自流到调节池，调节池前设置格栅，以清除污水中较大的杂物。人工清出的粪便运到调节池内，与污水搅拌后流入计量池，计量池内设泵，定时定量地将料液送进厌氧消化器。为保持厌氧消化器内的温度控制在35℃左右，在计量池内有蒸汽加热系统，蒸汽由锅炉房引入。计量池和厌氧消化器内设有温度传感器，调整进入调节池的蒸汽量。也可使用其它加热方式。产生的沼气经脱硫、脱水、脱杂净化后进贮气柜，作为生产或生活用能。沼渣根据情况定期排出并可干化，作为固态有机肥。沼液进入后处理系统，作为农田的液体有机肥。

沼渣、沼液可与作物秸秆、树叶、杂草等混合在一起，按1.2~3的比例进行堆肥或沤肥，堆沤的肥料一般做底肥施用，每亩施用量约2500kg左右，为作物生长发育创造良好的土壤条件，也有改良土壤、培肥地力的作用。另外，沼渣也可作为肥料直接施用，对作物有良好的增产效果。

(4)水肥高效一体化技术。水肥一体化技术是将灌溉与施肥融为一体的农业新技术。水肥一体化是借助压力灌溉系统，将可溶性固体肥料或液体肥料配兑而成的肥液与灌溉水一起，均匀、准确地输送到作物根部土壤。

在露天条件下，微灌施肥与大水漫灌相比，节水率达50%左右。保护地栽培条件下，滴灌施肥与畦灌相比，每亩大棚一季节水80~120m^3，节水率为30%~40%。水肥一体化技术实现了平衡施肥和集中施肥，减少了肥料挥发和流失，以及养分过剩造成的损失，具有施肥简便、供肥及时、作物易于吸收、提高肥料利用率等优点。在作物产量相近或相同的情况下，水肥一体化与传统技术施肥相比节省化肥40%~50%。水肥一体化技术可促进作物产量提高和产品质量的改善，果园一般增产15%~24%，设施栽培增产17%~28%。

(5)物理农业防治技术。现代物理农业是将当代高新的物理技术和农业生产相结合的产物，它是将电、磁、声、光、热、核等物理学原理通过一定的装备应用在农业生产中，以特定的物理方法处理农作物，实现农业生产环境防控，减少化肥和农药的使用量，达到增产、优质、抗病和高效的目的。如声波助长仪、电子杀虫灯、种子磁化技术等技术的应用。

(6)作物种植关键技术。作物种植关键技术主要是在农业种植过程中，遵循自然规律和生态学原理，按照绿色、有机的标准进行生产管理，加强对种苗、肥料、农药等投入品的监管，即直接施用农家肥或利用沼气工程产生的沼渣、沼液等代替化肥，使用生物农药、天敌治虫代替化学农药，可降解的农用薄膜代替传统农膜，以及对作物秸秆等农业废弃物进行还田处理等手段，解决长期以来农业生产中投入大量化肥、农药等带来农药残留、土壤污染、土地质量退化等负面作用的问题，并减少碳的排放量。

第 193 问　观光农庄病虫害防治的原则是什么？

答： 观光农庄属公共场所、游客量多，整个生态系统则由病虫生物、寄主植物、环境条件和人的活动四方面构成。在观光农庄中坚持严控农药使用量，使用低毒无公害农药，购买释放天敌、创造利于天敌鸟类生存的环境，基本可以实现植物病虫害发生量不断减少，农庄绿地植物始终没有明显虫害发生，促进了绿地植物的健康生长的目标。

一直以来我国主要以农药来防治园林植物病虫害，但农药对害虫和天敌都具有杀伤性，大量使用农药会污染环境，直接影响到农庄供游客游玩、采摘的功能。农药使用越多则对生态系统的平衡关系破坏越严重，一个区域用药过多最明显的表现就是蚜虫、蚧壳虫数量种类猛增。在自然界中，任何一种害虫都会与它的天敌之间维持一种动态平衡关系，灭绝了害虫则天敌因为缺少食物而数量减少，想要再次达到平衡则需要一定的恢复时间。

观光农庄的结构组成与公园大致相同，都有大面积绿地，具有植物品种丰富、群落稳定的优势，但是也存在着生物种类复杂等特点，作为小的独立的生态系统，维持这个生态系统的平衡，人为干预越少越好。在绿地系统中天敌少了我们要做加法，增加天敌数量；害虫多了我们要做减法，通过适当使用无公害农药减少害虫数量。通过使用最少的杀虫剂，保护和引进有益的天敌，创造鸟类、寄生蜂、瓢虫等天敌生存的场所，可以营造出和谐共生的绿地生态系统，除了美国白蛾这类检疫性害虫没有足够的天敌，其它虫害防治是可以通过天敌之间的相互制约达到有虫无害的平衡状态。

第 194 问 观光农庄病虫害防治的规律?

答: 病虫害发生前或初期，我们可进行诱杀(性诱杀、趋性诱杀、色诱杀。)、缠裹阻止带、涂抹药环等措施阻止它们上树。病虫害发生阶段在农药使用方面做到：1. 在病虫害初发期准确用药，可减少爆发后的大量喷药，2. 四月下旬就进行蚜虫红蜘蛛防治，错开五月份天气稳定后天敌出蜇及繁殖高峰时期，减少农药对天敌的伤害，3. 实行靶标喷药，避免大面积喷药，减少对天敌鸟类的伤害。通过使用无公害药剂防治越冬代、第一代虫害，可减少害虫发生基数，再利用各种天敌的捕食性寄生性抑制害虫的虫口密度，基本能实现病虫害的防控目标。

第 195 问 观光农庄中天敌的投放依据、 标准?

实际上生物防治是最低碳环保的方法。绿地中常见的天敌及所控制昆虫有：红环瓢虫—草履蚧、七星瓢虫异色瓢虫—蚜虫和蚧虫、草蛉—蚜虫、食蚜蝇—蚜虫、各类跳小蜂—粉蚧、日本方头甲—矢尖盾蚧、各种蜘蛛—美国白蛾等、周氏啮小蜂—美国白蛾、管式肿腿蜂—双条杉天牛 、赤眼蜂—鳞翅目害虫，还有小花蝽、捕食性步甲、青蛙等。多年来我们一直寻找引进天敌，引进释放了异色瓢虫、周氏啮小蜂、管式肿腿蜂、川硬皮肿腿蜂、花绒寄甲来防治蚜虫、蚧壳虫、美国白蛾、光肩星天牛等，取得了一定的防效。如对于很多高不可及的柳树光肩星天牛的防控，基本上能依靠花绒寄甲和鸟类

“解决”。

下面介绍一下天津水上公园推行的生物防治计划(见附表)。

表 5.1　水上公园 2004—2014 年生物防治一览表

害虫名称	天敌	释放比例	释放时间	单价	每亩每棵价格
蚜虫	大草蛉	200 头/亩	5 月上旬	5 分/头	10 元/亩
蚧壳虫	异色瓢虫	200 头/亩		5 分/头	10 元/亩
龙柏双条杉天牛	管式肿腿蜂	1 头天牛：10 头肿腿蜂	5 月中旬－9 月上旬	5 分/头 每管 100 头	
柳树光肩星天牛大幼虫	花绒寄甲	30 头/10 棵树	4 月下旬－5 月上旬	0.6 元/头	18 元/30 棵
光肩星天牛小幼虫	川硬皮肿腿蜂	1 头天牛：10 头肿腿蜂	6 月下旬	5 分/头 每管 100 头	
美国白蛾	周氏啮小蜂	15 个茧/亩	6 月下旬	5 元/茧	
总价					

第 196 问　农庄绿色农产品标准体系包括哪些?

答： 1. 农业标准化体系是农业现代化建设的重要内容，也是都市型现代农业的重要基石。加强农业标准体系建设，重点要抓好以下两方面建设。

(1)农业标准体系建设。根据国家、省、行业已有的标准，结合区域特点，突出重点内容、主导产品和地方特色，按照产前、产中、产后标准相配套的原则，在现有基础上，继续做好其它农产品品种、质量安全、生产技术规程、产地环境、检测方法等地方农业标准，以适应国际、国内同行业的标准要求。

(2)农产品评价认证体系。建立以无公害食品、绿色食品、有机食品认证为重点，通过制订和完善质量认证标准和产品评价标准，实施农业品牌战略，提高农产品的市场知名度和市场占有率。

2. 生产条件控制体系。遵循“统一、简化、协调、优选”的原则，对农业生产产前、产中、产后全过程，通过制定和实施标准，促进先进的农业成果和经验的迅速推广，确保农产品的质量和安全，促进农产品的流通，规范农产品市场秩序，指导生产，引导消费，从而取得良好的经济、社会和生态效益，以达到提高农产品竞争力的目的。

要在园区企业中积极推行质量管理体系认证，在农业生产领域推行 GAP(良好农业规范)认证，在农产品加工领域推行 HACCP(危害分析与关键点控制）认证。要采取措施鼓励企业、有关组织开展无公害农产品、绿色食品认证、有机食品认证，以产地认定和产品认证推进农业标准化的全面实施，实行无公害农产品、绿色食品、有机食品“三位一体、整体推进”的发展战略。

3. 动植物疫情防控体系建设。

（1）大力推广使用农业、物理、生物方法防治病虫害，对区内的植物检疫站进行扩建改造，增加检疫仪器设备配备，提高防疫检疫能力，加强对生产区域防疫服务，保障农业安全。

建立并完善生态补偿基金制度，加大林业资金投入；定期进行资源普查。健全病虫害预测预报系统及检疫防治制度。建立健全水生动物检疫体系、水域环境检测体系、水产品质量检测体系。

（2）做好动物防疫工作，贯彻“预防为主、防重于治”的方针，做到强制免疫、强制检疫、强制消毒、强制扑疫。

建立畜产品质量安全追溯制度，实现畜产品“从牧场到餐桌”的全程质量监控。加强区畜牧兽医队伍的管理，提高基层动物防疫队伍的素质，建立起承担不同职能的基层畜牧兽医体系。完成动物防疫基础设施项目建设，区内所有规模畜禽场、种畜禽场均要求无重大疫情发生。

4. 病虫害检测体系。

（1）完善植物检疫监测体系。需要加强检疫队伍建设，要有检疫设备，建立若干个引种隔离区及严格的检验制度。例如植物检疫性有害生物预警监测系统。

（2）健全预测预报体系。需要有一个针对水果和瓜菜固定预测预报站，设立观察区，提高预测预报人员的素质。

（3）普及综合防治技术体系。要组织农民实行统一防治。由于单一的化学防治，容易引起产品污染和破坏环境生态，使水源、土壤、空气等受到污染，也杀害了天敌，造成植物免疫能力下降，使病虫害再度危害，形成恶性循环。所以需要普及化学防治、农业防治和生物防治三者结合的机制。

（4）做好物资保障体系。需要建立防治病虫害仓储设施，储存农药、药械、设备等，提供快速扑灭的能力，特别是要提高重大病虫害的应急能力。

（5）完备农药残留检测体系。受污染农产品流入市场，是行业存在的巨大威胁。各个品种要建立一套生产标准，加强产品监测室建设，实行会员制来控制产品进入市场，再次查出其农残超标就不许进入市场。

5. 农产品质量检测体系。

（1）健全农产品质量检测体系。设立农产品质量检测点，配备必要的检测检验设施设备，初步形成与当地生产、加工、流通相衔接的农产品质量检测体系，实现对农产品产前、产中、产后的全程监控。

(2)建立强制性例行检测和定期通报制度。对辖区内的农业生产环境、生产过程、农产品及投入品的质量，实行强制性检测和定期定量例行检测。为提高监测结果的准确性，加强对检测人员学习和培训，同时实行检测结果责任追究制度，保证检测结果的公正性和可靠性。

第197问 怎样对农庄进行投资估算?

答： 1. 估算依据。

(1)单项工程主要依据本地和附近地区近几年的同类工程的实际造价估算；

(2)不可预见费和其他费用均按单项工程投资额的6%估算；

(3)《农业项目投资评估》(2008年中国农业出版社出版)。

2. 估算范围。估算范围包括生产性基础设施、辅助性基础设施、设施设备、绿化美化等工程费用，以及规划设计费等其他费用和不可预见费等。

3. 投资估算。

(1)工资与福利。该项费用按职工总数乘以工资及福利费率，指标工资乘以养老保险、失业保险、医疗保险和住房公积金指标多项合并计算构成。

(2)折旧及摊销。采用平均年限法。建筑物折旧年限25年，机械设备折旧年限10年，残值率按5%，递延资产摊销按10年计算。

(3)修理及道路维护费。该项费用估算方法按固定资产原值的比率和道路维护费用估列。

(4)其他管理费用。其他管理费用是景区日常管理所发生的办公费、差旅费、日常维护、旅游宣传等相关费用。

某项目的投资估算：总投资额为27587万元，其中，固定资产投资26585万元，流动资金占总投资的4%，为1003万元。投资估算具体内容见下表。

表 5.2　项目区投资估算表

分区	建设项目	规模		单位	单价	金额(万元)
核心区	水上乐园	占地面积	201	亩		
	温泉度假中心	占地面积	213	亩		1500
	百花园生态餐厅	建筑面积	3686.4	㎡	2600	958.5
	农家乐	占地面积	37	亩	100000	370.0
	蒙古包住宿	数量	40	个	80000	320.0
	生态马场	占地面积	134	亩	5000	67.0
	真人 CS 基地	占地面积	240	亩	20000	480.0
	露营基地	占地面积	200	亩	40000	800.0
	特色餐饮区	占地面积	128	亩	30000	384.0
	小动物乐园	占地面积	100	亩	15000	150.0
	景观区	占地面积	35	亩	55000	192.5
	遗址	占地面积	13	亩	40000	52.0
	文化广场	占地面积	22	亩	55000	121.0
	民俗街	占地面积	50	亩	100000	500.0
	智能温室展示区	建筑面积	11059	㎡	1000	1105.9
	日光温室采摘区	占地面积	115	亩	40000	460.0
	观光采摘园	占地面积	303	亩	4500	136.4
	设施蔬菜生产区	占地面积	955	亩	40000	3820.0
	露地蔬菜生产区	占地面积	115	亩	4500	51.8
	高标准粮田生产示范区	占地面积	608	亩	3000	182.4
示范区	水产养殖区	水塘面积	178	亩	3000	53.4
	休闲垂钓园	占地面积	96	亩	8000	76.8
	花卉苗木生产基地	种植面积	1500	亩	3000	450.0
	生态湿地景观区	占地面积	1078	亩	8500	916.3
	大田作物生产区	种植面积	810	亩	3000	243.0
	樱桃园	占地面积	233	亩	4500	104.9
	循环农业示范基地	日光温室	416300	㎡	120	4995.6
		大田面积	900	亩	3000	270.0
	农产品加工物流区	建筑面积	3000	㎡	1000	300

（续）

分区	建设项目	规模		单位	单价	金额(万元)
	道路	一级	123459	m^2	120	1482
		二级	98936	m^2	120	1187
		三级	8376	m^2	100	84
	绿化	种植面积	654931	m^2	30	1965
	电力电讯设施	套				500
	生产生活用水中心	套				500
	其它					300
	不可预见费用		6%			1504. 8
	流动资金		4%			1003. 2
总投资						27587

第198问 农庄资金回报率怎么样？

答：（以上述项目为例）

1. 经济效益。本项目区投资额为27587万元，进入正常运营后，实现年收入17276万元，营业税金及附加380万元，年所得税877万元，实现年净利润7890万元；依据损益表、现金流量表计算项目区全部投资的静态投资回收期为5.6年，动态投资回收期为6.45年，年投资利润率为28.6%，（不含税），年投资利税率为52.94%；财务净现值(10%)为35962万元，财务内部收益率为27.51%，远高于行业内部基准收益率10%；上述各经济指标表明该项目赢利能力较强，财务效益较好。

表5.3　主要经济指标表

主要指标	单位	项目区	备注
投资额	万元	27587	
年销售收入	万元	17276	达产期
总成本	万元	8129	达产期
营业税金及附加	万元	380	达产期
年利润总额	万元	8766	达产期
年所得税	万元	877	达产期
年净利润	万元	7890	达产期
静态投资回收期	年	5. 6	含建设期，不含税
动态投资回收期	年	6. 45	含建设期，不含税
投资利润率	%	28. 60	
投资利税率	%	52. 94	
财务净现值(10%)	万元	35962	
财务内部收益率	%	27. 51	

2. 社会效益。

①推动当地农业的现代化发展，促进农业产业结构的优化升级。园区建成后，可以利用建成的现代农业生产经营实体，通过讲座、办培训班等形式，向农民和农业技术人员传授现代农业知识与技能，带动一大批农民走上现代化的高产、高质、高效农业生产的道路，促进当地农业的设施化生产水平。此外，园区的发展将对绿色优质的农副产品具有大量需求，将辐射带动周边优质农产品的生产，促进当地农业产业结构的优化升级。

②有利于促进城乡一体化。立足园区的区位优势，通过都市休闲农业的发展，为都市居民提供一处环境优美的休闲娱乐场所，有效带动当地第三产业的发展，进一步促进城乡功能对接，带动农业向现代都市农业方向发展。

③提供就业机会，增加农民收入。该项目建成后将辐射带动周边农业的发展，促进当地农业产业结构的调整，带动周边农业经济迅速发展，并可解决当地农民就业。

3. 生态效益。

①循环农业示范基地以循环农业为发展方向，将生态的理念贯穿于各个环节。通过促进废物资源化和资源可持续利用，走农业可持续发展和节约型发展的道路。

②项目所建设果蔬生产基地，均按照绿色食品的标准生产，园区的绿色产品比率(绿色产业产值比全部产值)>50%，绿色(有机)食品比例>30%。满足人们对安全食品的需求，减少农药、化肥等对环境的污染，废弃物排放(废物、废水、废气)全部符合国家废弃物排放标准，有利于果蔬产业的可持续发展。

第199问 观光农庄存在哪些风险?

答： 1. 市场风险。随着农村经济的快速发展和人们生活水平的快速提高，城镇居民对于健康食品的需求意愿日益强烈，绿色有机蔬菜将以无污染、健康、安全等优势占据着越来越多的市场份额，这将成为蔬菜业发展的一大趋势。

目前农贸市场上大部分蔬菜是露地蔬菜，季节性强，其生产技术亦相对成熟，在未来的农贸市场还将占有一定份额，因此项目区应考虑依据项目所在地地域生产特点，通过增加设施果蔬种植面积，并且加大对周边地区县反季节蔬菜供应，以规避蔬菜价格风险。

2. 经营管理风险。

①生产管理。现代农业园区生产不但需要管理者具备一定的专业基础，而且要具备丰富的管理经验，因此在内部人员配置及制度管理上要合理安排。此外在现代农业生产中可能出现有的生产技术不过关，农业经营中农业机械、化肥、种子等生产资料难以达到有效利用和合理配置，生产者的素质、农业生产技术不到位，标准化生产不能按照操作规程执行而造成的风险。同时对运输、储存、加工等要求条件也很高，受其制约而丰产歉收。并且也会受品种选择、生产设施、田间管理技术、科技投入水平、质量检测等多个环节影响。

②经营运作风险。现代农业园区因投资量大，经营运作具有较大风险，故园区的经营要具有科学性和一定的超前性，要体现其科技龙头的作用，对于园区的投资盈利机制具有更高的要求。经营者要有敏锐的市场眼光、果断的决策胆略，灵活的应变技巧，还要善于理清经营思路，形成超前的经营理念。同时要处理好园区与政府、农民的关系，并且营造快速完整准确及时的信息网络。

③自然灾害风险。农业生产很大程度上会受到自然灾害的影响，设施农业在一定程度上能避免自然灾害造成的影响，但有一些狂风、暴雪、连续阴天等仍会对其造成严重危害。从国际经验来看，对天气灾害、自然灾害的补救措施有几种方式，首先是政府扶持，有比较完善的灾害救济制度，加拿大、美国、日本、欧洲都是如此。其次是农业保险，我国未能大力发展农业保险的原因主要是风险太大，而且政府的相关政策也不完善。还有一种方式就是利用天气衍生产品来管理天灾风险。

第200问　农庄的规划实施保障措施有哪些？

答： 1. 政策保障。2010年，中央第七个“一号文件”继续锁定“三农”，强力推动资源要素向农村配置。项目区建设和发展准确把握国家和各省的政策导向，贯彻学习并确立“传统产业新型化、新兴产业规模化、支柱产业多元化”的转型思路，借助深入推进蓝天碧水工程、脱贫攻坚的契机，充分抓住政府部门强力推进观光休闲农业发展的有利时机，积极争取国家及地区政策扶持，改造项目区基础设施条件，保障园区的顺利、高效建设。同时，在当地政府整体规划和引导支持下，要制定合理的税收优惠、土地优惠、鼓励优惠等优惠奖励政策，促进园区的快速、健康发展。

2. 人才保障。

(1)外部人才引进。优秀的人力资源是园区长期发展壮大的根本保障。包括直接引进优秀的外部科技人才，间接引进北京及周边地区一些科研院所的智力支持。

（2）本地人力开发。对项目区内的农民进行农业种植、设施栽培技术、旅游接待等相关专业技能的培训，提高项目区内农民素质和实用技能，不断提高整个产业链条的科技含量和服务档次。

3. 资金保障。建立农业产业发展财政投入的持续稳定增长机制，拓宽资金筹措渠道，采种多种模式来保证农业产业发展的投入，努力推进农业产业的繁荣和发展。

（1）抢抓省、市、区三级财政资金大力支持发展现代农业园区的机遇，加强基础设施建设，精心包装园区农业项目，多争取上级资金支持。同时充分利用好各项税收优惠政策。

（2）善于利用银行信贷资金支持园区产业发展。要积极争取银行信贷支持，包括争取国家开发银行、农业银行等金融组织和机构的信贷支持，重点用于扶持管理水平高、市场潜力大、经济效益好、带动能力强的龙头企业的发展。

（3）要善于运用市场化的方法，通过各种方式招商引资，吸引社会资金参与建设。结合省市现代农业建设，推出一批具有发展前景的农业投资项目，严格按照国际惯例进行包装，作为招商引资的重点，努力吸引国际财团、跨国公司、国内企业集团到园区投资建设。

（4）引导和鼓励农民自主投资。虽然农民个体投资能力有限，但农民群体庞大，来自农民的投资规模很大。另外，村民对本村项目的投资会激发其参与的积极性，从而更好的支持村级各项目的建设。

4. 技术保障。园区的规划融入了科技农业、循环农业、绿色农业等现代农业的先进理念，需要先进的农业科学技术为园区的可持续发展提供源源不断的技术保障。

一方面要加强与中国农业大学、中国农科院、北京农科院、当地农业大学、农科院等农业高等院校及科研院所的合作，不断引进农业创新成果及先进技术。

另一方面，通过多种渠道、多种形式的培训，加强项目区农业技术人员及农民队伍建设，做到技术的引进和消化吸收相结合，提高园区农业产业竞争力。

第201问 农庄的投资如何完成？

答： 为实现现代农业高效生态观光园区总体规划目标，建设项目经过统筹规划、进行分期实施、逐步完善。在确保生态功能稳定的前提下，对区内资源进行综合利用。此规划建设项目经三年完成建设，分三期分步建设，起止时间为2015年及以后，园区项目完善及维持正常运营。

1. 前期——全面建成园区农业基础设施，完成垃圾场综合治理，农业产业建设全面开始；

2. 中期——实现园区湿地建设，核心区旅游项目建设，循环农业体系建设和低碳技术体系建设，突出名、特、优设施蔬菜种植，基本实现绿色生产；

3. 后期——全面建立质量追溯体系，实现标准化、组织化、规模化生产，农户加入专业合作组织的比例达到95%以上。

第202问 观光农业园区的增效方式策略有哪些？

答：（以集发观光园为例加以说明）

1. 以点带面、促进消费。从实际看，热带雨林即是观光园一项旅游项目，又是其营销的一种手段。就椰子而言，热带果树温室中仅有椰子树十几株，而全园仅销售冰椰子的摊位就多达十四五个。据不完全统计，每个摊位每天销售冰椰子多达50~70个，每个10元。这既满足了游客的尝鲜心理，又为园区带来了可观的收入。其他品种亦有此类现象。

2. 合理布局、诱导消费。从游览线路布局来看，园区是花了很大心思的。游客由南门入口走至团结树广场，首先看到的是热闹的娱乐项目和丰盛的各类小吃，不论向综合区还是到河西动物园、采摘区还是去民俗大院，都必须经过小吃集中区或农家饭庄。也就是说，在潜意识里告诉你，这有吃的。而从时间上看，游客游完每条线路大约需要3~4个小时，按每个游客早7点进园计算，在游客返回来的时候，正好是进餐时间。如：从团结树广场出发－四季果园依次要经过绿色饭庄（雅间）－绿色餐厅（散座）－绿色客房－组培室及展览室－四季菜园－四季花园－四季瓜园－四季果园，温室外围两侧分别为丝瓜长廊、葫芦长廊和葡萄长廊，游人要想观看全部内容，需要走两个来回或纵横交错观赏才可以做到，而温室内左右两侧有通道隔开，游人往返参观不会感到乏味，因此游人走完这条线路大约需要4~5个小时。其他线路已有异曲同工之妙。

3. 欲取先予、刺激消费。从南门购票进入园区，每位游客可以获赠一张免费乘坐观光车券和采摘代金券，采摘代金券面额有0.5元、1元两种，可以适合各类游客，时间短的游客在游览完毕后可以乘坐游览车返回或乘游览车游玩；时间宽裕的游客可以凭赠券到指定的采摘区参加采摘活动，采摘园的果蔬每500g的价格多在3元以上。因此，这个赠券可以起到激发游客采摘的欲望，实现增收的目的。游客若没时间采摘，凭此券可以换相应的农副产品，此券不失为联络感情的小礼物。

4. 弹性收费、保住客源。进入冬季以后，除个别冬季主体旅游景区的票价不降之外，绝大多数景区人气欠佳，观光农业虽不乏景观靓点，但相对照而言，客源也将大大减少。因此，从每年12月1日至2月10日期间，实行“弹性票价”政策，将景区散客门票下调或免收门票，适当让利游客，同时推出冰雪世界系列冬季旅游活动，无疑将对游客进观光农庄游玩起到良好的刺激作用。同时，由于农庄内的反季果树等一系列温室项目，可以令游客在冰天雪地中欣赏草长蝶飞、鲜花烂漫或感受采撷鲜果之乐，果品单价或赏花照相景点适当收费来弥补门票损失。实践证明，“弹性票价”对于拉动游客游览、刺激消费能起到良好的效果。

5. 产品深加工，增加附加值。农庄所生产的果品除供农庄采摘之需外，还可以将多余的产品加工成果脯、果酒、果醋、果酱等产品来增加附加值。

另外还要注意对作物材料的加工与利用。例如：经科学研究发现，从丝瓜茎蔓中提取的汁液，为纯天然产品，具有美容、去皱的特殊功效，经常涂擦这种汁液，可以显著延缓面部衰老，使皮肤细嫩，光滑，有高级护肤抗皱霜所达不到的作用。丝瓜络具有通气、保暖的作用，利用其加工成的鞋垫、靠垫、座垫具有较高的排汗、保暖作用。因集团是由丝瓜申报吉尼斯纪录起家，因此集团很注重技术力量，具有较强的纳新意识，在园区内的醒目位置，有征集新品种和招聘技术人员的告示，据了解，初到这里的技术工人的最低工资为2000~3000元不等。

第203问 观光农业园区远期回报的方式是什么？

答： 据专家估计：诸如观光农业园这类园区所拥有的良好景观资源已经成为房产增值的最重要的砝码。如位于曼哈顿占地3.4km^{2}的中央公园，不仅种植着1400多种树木花卉，还拥有湖、泊、林地、山岩、草原等多种自然景观，其建成后的15年里周边的地价增长了9倍以上。此外，英国海德公园公寓的售价更是达到了66万元/m^{2}的天价。现在可以看到，在我国，公园或农庄地产已经成为具有投资眼光和拥有宜居追求的城市精英人士的追捧焦点。

据居住者感受：农庄里有别墅的自然景观、环境漂亮大气、气氛宁静舒适，一出门就仿佛置身于公园中，空气好心情也好，这里还有别墅无法具备的配套和交通，在既有得天独厚的自然优势的同时又享受城市生活的便利。

出则繁华、入则自然是每个都市人的居住梦想。在后工业时代，绿色、健康、闲适的“公园地产”作为一种鲜明的建筑形态，在楼市发展过程中展现了强劲的升值潜力。

“公园地产”一般是指开发商依托市政公共公园或自主开发公园，给居民营造稀缺的景观和生态环境的项目。此物业类型具有供应稀缺性，需求广泛性等特征。此外，湖水、树木、花草等公园因素从心理上利于缓解居住者的疲劳和紧张，充分体现了项目的人性化。

“公园地产”在北方最为典型的代表是北京朝阳公园板块。2003 年，朝青板块一改之前的默默无闻，掀起了房地产开发的序幕，同时也揭开了北京地产的“朝青公园地产时代”。从棕榈泉国际公寓到如今在建的维多利亚花园、公园 9 号以及万科公园 5 号，十余个高端地产项目齐聚公园周围，衍生出“高档社区生活板块”、“富人区”、“上东区”等概念，使得板块内的项目均价、区域形象和品牌高度实现了“三赢”。

据一项国外机构研究数字表明：一个开放式的市级规划公园将对半径 $3km^2$ 内的地价产生长远的影响。这种规律在世界和中国的大城市均已得到验证。旧金山三个主要公园：维多利亚公园、俄罗斯山和富人山公园，周边的住宅价格，一直居高不下。

2009 年 12 月北京市房地产交易管理网的数据显示，星河湾、太阳公元、万科公园 5 号、月亮河公园等主打公园地产的项目，近期业绩全线飘红。紧邻 37.4 万 m^2 太阳宫公园、29.7 万 m^2 太阳宫体育公园、20 万 m^2 太阳宫的北京太阳公元项目在 2009 年 9 月份成为北京楼市销售冠军。位于朝阳公园旁的棕榈泉国际公寓，是京城著名公园项目之一，但这个小区内房子的价格差非常大，据中介公司近期的报价显示：注明可以观景的房子价格基本在 26000 元/m^2 以上，最高可达 48000/m^2 以上；而没有注明可以观景的房子，售价低的仅为 20000 元/m^2 左右，楼层稍微高些的也就在 23000 元/m^2 左右。由此可见，即使都是在公园地产项目中，可以看到公园和看不到公园景观的户型之间的价格差距也是相当大的。

来自“链家地产”的统计显示，朝阳公园周边许多楼盘二手房的价格和成交量的涨幅均超过劲松、团结湖、中关村等传统优势区域。二手公园房成家价格月均涨幅超过 5%，次新公寓的租金在 8 ~ 10 美元/m^2/月，投资回报率普遍在5～6.2%。

综上，观光农业较公园地产而言，其潜在的生态价值、科普价值、配套价值、功能价值、文化价值、区位价值、心理价值、商业价值等方面均有很强的优势。同时，各城市中公园周边可供开发的土地日益稀少。因此，拥有良好配套分区的农庄地产将显得愈加珍贵，也必将拥有良好的升值前景。

附：

葫芦山庄的整改草案

第一节　山庄概况

山庄落座于辽宁省葫芦岛市占地面积约为13000亩，与当地居民了解该地区雨季多发生于7～9月份，年极限气温最高33℃，最低气温－24℃左右。冻土层厚度100cm左右。无霜期175天。土壤性质为盐碱性土壤，而且土壤盐碱性很严重。出现了代表性植物柽柳，因土壤盐碱性很重，对植物生长影响较大，且生长发育期明显缩短，导致多数新品种不能正常结果。同时，在农庄的西北约5km的位置有锌厂。这里排出的气体对番茄、黄瓜，葫芦和桃、李树的影响较大，山庄内诸多项目不完善，整个农庄内的游览项目贯通不连贯，农庄闲置期过长（约6～7个月）。在看似繁华的景象背后，凸显出山庄的不完备，人来人往的观光项目步入了食之无味，弃之可惜的“鸡肋”境地。投资者在农庄每年亏损的情况下，还要继续投资金使其运转，使投资者陷入无奈和经营的困苦当中。

第二节　整改思路

1. 调整农庄定位问题。顾名思义，葫芦山庄的主打产品还是要以葫芦为主。但是如何将这个项目做好，就要结合农庄所处的地理位置、气候条件的各个因素综合考虑农庄的产业定位问题。即以葫芦产业（尤其是系扣葫芦工艺）服务于旅游业，以旅游观光业拉动葫芦产业。葫芦产业即是本农庄的主导产品，而旅游观光应围绕其展开。不应盲目的求大、求奇。最终成为农庄的负担。观光项目只要能起到吸引游客的作用就可以了。

农庄内的旅游景区建设还应以突出其独特性、新颖性为原则，避免“遍地开花”般的景点雷同建设，并注重景点与周围环境互补结合形成农庄旅游景观与自然的和谐统一。

2. 改变农庄的营销意识。游客作为农庄的消费主体，他们的合法权益应该得到保护，“乘兴而来，败兴而归”的感慨正是游客的旅游消费权益受到不利因素影响甚至侵犯的反映。因此，在山庄旅游开发的市场营销上，一定要坚持对游客负责的态度，为游客提供细致的服务。以保证游客的合法旅游消费利益，这就要求农庄在游客的游、吃、住、行、娱、购等方面下功夫，做足文章，使每个游客都可以“乘兴而来，满意而归”。

第三节　整改措施

游：在农业观光园项目中，组织好游客游览起到了决定性作用，一个优美的环境空间，各景点的有机结合，唯美的景观配置，将会把观光农业美轮美奂地展示在游客面前，使游客置身于如画般的仙境中，流连忘返。

就葫芦山庄而言，整个景点规划是一个基础项目。它是山庄能否吸引游客的前提条件，在葫芦山庄的建设过程中以现有景点整改为先导，再逐步进行其他项目拓展扩建。

整改细则：

1. 圣水湖：圣水湖景区分为如下几个景点。

圣水源。从景点的布局意义来讲，圣水源即圣水湖的源头。圣水源的整改思路为：

(1)将此处的假山叠水的体量加大，体量增至为现有体量的1.5倍以上。在其周围配植较大量的乔灌及地被植物，将其掩映在葱葱绿树中，增加圣水源头的神秘感与“黄河之水天上来”的宏伟气势。可选用的植物有白桦、变色龙柳、银杏、垂柳、金银木、水蜡等。

(2)在水源的假山两侧增设葫芦形喷水小品，每侧九只，起到九九归真的寓意。共计十八只葫芦有暗含“要发”的内涵，同时，还可以给人以从宝葫芦中流出的“圣水”可以为游客带来福禄消灾祛病的良好观点。在假山叠水及喷水小品处增设雾泉设备，喷洒气雾，营造仙境氛围，增加神秘效果。

(3)在水源中栽植浮水、沉水和挺水植物如金鱼藻、荇菜、香蒲、荷花、睡莲等水生植物，并放养一些红锦鲤鱼、金鱼等水生动物增加水源中的水生动植物的量。同时达到向游客展示圣水物产丰富的动态效果。

(4)水流的周围堤坝处栽植垂柳、山桃、银芽柳、丁香、红王子锦带、千屈菜、德国鸢尾等植物丰富水边的景色。

圣水湖岸边。圣水湖的周围原来栽植了一些柳树，原栽植树木随意、缺乏组团式栽植的疏密变化，而且树种选择也过于单一，缺乏中下层植物的补充，同时在湖边用碾盘镶砌了一条供游人行走的游路，但是由于碾盘太厚加之湖边的防护栏杆不全，有潜在的造成游人摔倒或落水的安全隐患。

(1)在湖岸边的树木中补植紫叶碧桃、山桃、红王子锦带、连翘、天目琼花等中、下层树木，丰富此处的景观效果，同时深埋或切割碾盘以降低碾盘空隙间的高差值和消除安全隐患。

(2)更换或修补水边的护栏，消除安全隐患。

(3)水面放养水葫芦，荇菜等浮水植物并用浮栏圈定栽植范围。

(4)湖中放养红锦鲤鱼等。

(5)修建水中亭、廊和亲水平台及拉膜亭等水边休憩场所，供游客在水边休憩。

(6)修建湖边水生植物种植槽或供摆放水生植物的凳墩，摆放或种植荷花、芦苇、香蒲、水葱等水生植物，丰富湖边的景观效果，增加可观赏性。

2. 水产养殖区。水产养殖区尽管有一些主题雕塑，但是供游客嬉戏的项目过少，因此缺乏人气。

(1)将原有的木桥改为铁锁连心桥或荡桥，这样不仅可以消除安全隐患，而且还可以增加游客到桥上游玩的欲望 。

(2)在此处设一滑行索道与水产养殖观光区相连接，游客在索道上可以纵览鸟瞰整个山庄的全貌。这样可使部分青年游客使用索道的需求增加。

(3)在此区域内还可以设置垂钓、摸鱼等一系列亲水项目，吸引游客在此驻足，增加此处人气

(4)水边及水面种植水生植物。

3. 其它景点的整改。

(1)在整个山庄配植中、下层树木，柳树为主要树种。其缺乏中下层植物的置植，因此在这些景点中可以有意识的配植如紫叶碧桃、中华金叶榆，樱花、连翘、木槿等中下层树木丰富景观效果。

(2)增植白桦，照手碧桃、金枝槐、龙桑、龙爪槐，造型树桩以及冬季观干树木，改善山庄冬季景观效果。

(3)增加可供冬季观赏的日光温室采摘项目、热带雨林项目等，加大山庄冬季对游客的吸引力。

(4)在空闲地块可种植大面积的苜蓿、油菜、薰衣草等形成大的背景，营造大的空间生态环境，来吸引游客。但需要注意，所选用的种类不宜为价格

很高的品种。

娱：在这里主要突出以下两个方面的意思，是观光农庄吸引游客的手段之一，同时也可以增加农庄的收益。

1. 注重游客的参与性。生活在繁华都市的人们，每天都要面对紧张的工作和繁杂的琐事，难免心情紧张，所以在农庄中要有意识的设置一些可以使游客放松身心的可参与性项目如：趣味农田工作，果蔬采摘，做一日农民、渔民、射猎、垂钓等娱乐项目，来提高游玩参与兴趣。

2. 采用招商引资的办法有意识的介入一些娱乐项目，来满足游客的娱乐所需。但需注意的是项目的设置尽可能远离居住休闲区，以免娱乐的噪音影响在此居住的游客休息。

购：是增加山庄经济收入的有效途径之一，购的设置要注意以下几点：

1. 所售物品本土化、象征性及便携性强。

2. 物品经济实惠、物美价廉。

3. 山庄中同类物品不宜过多，以免造成恶性竞争。

4. 采取摊位外包的形式经营，这样可以有效地缓解山庄的财政压力，增加经济收入，山庄中现有的卖物摊位较多，可品种却过于单一、多以葫芦为主，由于山庄的买卖场所销售的其他物品太少，商品缺乏时代气息与市场竞争力，不能吸引游客进行消费，从而使游客的消费大打折扣，因此，山庄的卖场应在原有的基础上压缩葫芦产品的量，适度引进其他商品。如压缩烙画等传统易学葫芦产品的生产量，加大结扣葫芦这类特色葫芦产品的生产量，并另辟新径，利用或其他方法进行批量销售。

食：吸引游客在山庄进行饮食消费是增加山庄收入的有效手段，在这里食可以分解为以下几个方面：

1. 鲜食瓜果。可在农庄内增设瓜果采摘园，诱导游客自行采摘消费，为了方便游客瓜类的品种选择应以袖珍型小型瓜果为主，这样游客在取食时不会因其体量而望而却步。

2. 即食蔬菜。在餐厅附近设蔬菜采摘区，供游客自采取食，采后即可在餐厅内加工食用。

3. 粗粮自做。在餐厅或民俗居住区设石碾等粮食加工设备，游客可推石碾自行加工粮食。

4. 鲜榨果汁。可设榨汁设备根据游客的不同需求，榨取不同的鲜汁供游客食用，自饮自食。

5. 生态特色餐厅。在山庄内建设环境、内观、经营、管理具有自己特色的生态餐厅，给游客一个优美、舒适的进食空间。

6. 特色小吃。在整个山庄内可有意识的设置特色小吃摊位，进行小吃销售。

7. 需要注意的是：

(1)所产生的果蔬产品必须是绿色无公害的产品。

(2)可采用立体、无土、水培等多种方式进行果疏栽培，以增加这里果蔬的新鲜感。

(3)必须强化检查杜绝假、劣、过期食品出现，对游客身心造成伤害。

宿：山庄原有别墅式客房和民俗客房供游客休息居住。但是入住率低，究其原因主要有以下几个方面 ：

1. 山庄原有的可游览项目过少，游客在这里游玩不足一天，即可完成所有的游览项目，没必要留宿。

2. 可吸引游客的娱乐项目太少，游客不能参与到山庄的旅游项目中去，缺乏留宿的动力。

3. 居住的小环境景观效果差，院落内除了大杨树外，基本上没什么其他植物，满目黄土让人感觉住在这里不舒服。

4. 距离大戏台过近，夜间过于喧闹，好静的客人在这里休息不好。

根据上述原因，山庄除改善增加旅游项目外，要在居住区的小环境上做好文章。努力做到居住地外观民俗、内部舒适干净，一定杜绝蚊、蝇、虫等滋生。在室内悬挂些名人字画(字画以画框为主，可以有效地防止丢失，造成误会)，并摆放一些兰花、绿植或插花等有益身心健康的花卉，给人室雅人和的悠闲氛围。室外则可以种植无毛紫露草、鸢尾、马蔺、萱草、薰衣草等花色淡兰的宿根花卉和丁香、紫萼玉簪、珍珠梅等中层灌木。营造怡静、舒适的居住休息空间。

在院落中还可放置一些石桌石凳，在夏秋季节游客可聚二三好友临坪对奕，把酒言欢，看流萤飞逝，观繁星点点，身在园中，心随闲云，是何等快事。

行：山庄的路好坏是每一个到山庄来的人都可以亲身感受的，因此，要将行这一话题放到重要位置上。

首先山庄原有的旅游线路组织的比较好，而且围绕形成了一个类似葫芦的形态，这个寓意也十分可取，需要进行处理的是以下几个方面：

1. 沿路的景观效果较差，在这些地方增植部分彩叶，彩干中下层树木，改善园路的景观效果。

2. 在主路上增设花架长廊改善园路的视觉效果，做到有收有放。

3. 增加彩色水泥路面的处理，使道路成为一条亮丽的风景线。

4. 在旅游主路上增加供游览的电瓶车，可分为院内区接送客人(免费)和供出租的游车(收费)的两种。

后 记

放下手中的笔，心里有了一种如释重负的感觉，自从 2008 年 8 月考察了河北省秦皇岛市北戴河集发农业综合开发公司下属的集发观光园以来，一直被集发人那种勇于进取的精神所感动，作为一名农业院校毕业生，又多年从事园林行业，我深感观光农业是大有可为的，同时也感到肩上有着一份沉甸甸的责任，决心将自己的知识经验与现代农业结合起来，形成一套科技材料。在集发精神的感召下，我们用自己的知识结合近几年的考察、积累，着手编写了这个小册子。

本书在编写过程中，参考并引用了浙江省丽水市农业科学研究所徐伟忠先生所著《未来农业》一书中有关观光农业的相关内容及部分图片，并受到北京绿东国创农业科技有限公司汪晓云先生、天津市农科院王俊志书记、中国农大《现代园林》副主编邓丽女士、广东铧美园林设计工程有限公司张友天先生、天津市浩地园林景观工程有限公司张书震女士的指正、补充，以及天津市润禾绿化工程有限公司董事长李连柱先生的大力支持。并由京东著名书法家孙万千先生题写书名。在此，仅对以上单位及个人表示深深的谢意！

由于我们的能力有限，书中难免存在错误，望广大同行予以批评指正。

2014. 10